中华上下五千年

珍藏版

三读国学馆 编

1

远古
夏、商、西周
东周:春秋

线装书局

图书在版编目（CIP）数据

中华上下五千年：珍藏版：全6册 / 三读国学馆编. — 北京：线装书局，2019.6
ISBN 978-7-5120-3560-7

Ⅰ．①中… Ⅱ．①三… Ⅲ．①中国历史—通俗读物 Ⅳ．①K209

中国版本图书馆CIP数据核字(2019)第011563号

中华上下五千年（珍藏版）

编　　者：	三读国学馆
责任编辑：	曹胜利
出版发行：	线装書局
地　　址：	北京市丰台区方庄日月天地大厦B座17层(100078)
电　　话：	010-58077126(发行部) 010-58076938(总编室)
网　　址：	www.zgxzsj.com
经　　销：	新华书店
印　　制：	北京洲际印刷有限责任公司
开　　本：	710mm×1000mm 1/16
印　　张：	84
字　　数：	1248千字
版　　次：	2019年6月第1版第1次印刷
印　　数：	0001-5000套
定　　价：	990.00元（全6册）

线装书局官方微信

前　言

中国、古埃及、古印度和古巴比伦是世界"四大文明古国",其中只有中国文明绵延至今,自始至终从未中断。中华文明以其悠久性和丰富性屹立于世界文明之林,至今仍光彩夺目。

从传说中的炎黄部落一直到今天,约有五千年的历史了。这是一个漫长的历程,其中有进步也有倒退,有辉煌也有悲凉,有兴盛也有衰亡,有风和日丽也有血雨腥风……在这浩瀚而又曲折的历史长河中,总有一些璀璨的明珠在引领着中国的历史进程。自盘古开天辟地以来,在这片古老而神秘的土地上,诞生了一代又一代优秀的中华儿女,他们用自己的勤劳和智慧谱写着中华民族的不朽篇章。

作为一套极具故事性的历史读物,本次出版的《中华上下五千年》,描述了中国从远古时期到中华人民共和国成立的历史进程,涉及了政治、经济、军事、文化、科技、艺术等众多领域;在尊重史实的基础上,以时间为轴,以历史人物和事件为中心,穿针引线,纵横交错,清晰地勾勒出了历史事件的来龙去脉、历史人物的真伪善恶。本书旨在尽可能地还原中华民族历史发展的真面目,将知识性、趣味性、教育性和可读性融为一体,从而带领读者全方位地了解我们祖国的发展轨迹,使读者接受历史文化的熏陶,开拓历史视野,提高文化素养,增强民族自尊心和自信心,激发爱国热情。

本书以朝代为据进行了章节的划分——从中华文明的起源到新中国的成立,分为17个章节,共计695篇。每一章节,都呈现了许多鲜明的历史形象,其中不乏英雄豪杰、仁人志士,但是也有品行败坏、道德缺失之人;同时,既展示了波澜壮阔、气势恢宏的历史进步时期,又描述了愚昧混沌、战乱频繁的倒退阶段。另外,每章节的开头部分都附有一段对本章节所述朝代的大体概述,以方便读者在展开深入阅读之前,对各个时期社会的整体面貌有一个综合的把握。此外,书末还附有大事年表,以帮助读者更直观地了解中华民族的发展脉络。

《旧唐书·魏徵传》有言道:"以铜为镜,可以正衣冠;以古为镜,可以知兴替;以人为镜,可以明得失。"历史不仅是一面可以知兴替的镜子,更是一部可以启人智慧的教科书,我们要从历史中吸取经验教训,把握现在,展望未来。希望这套《中华上下五千年》,能够帮助读者在读史的道路上越走越远,在随历史命运上下颠簸的过程中,积累于己有益的精神财富。

三读国学馆
2019 年 5 月

目　录

前　言 …………………………………………………………… 1

第1章　远古

元谋猿人 ………………………………………………………… 2
蓝田猿人 ………………………………………………………… 3
北京猿人 ………………………………………………………… 3
山顶洞人 ………………………………………………………… 4
河姆渡文化 ……………………………………………………… 5
仰韶文化 ………………………………………………………… 8
大汶口文化 ……………………………………………………… 9
龙山文化 ……………………………………………………… 10
良渚文化 ……………………………………………………… 11
中国古代的独创性发明——漆器 …………………………… 12
盘古开天辟地 ………………………………………………… 14
女娲的故事 …………………………………………………… 15
伏羲氏与"八卦" ……………………………………………… 17
从有巢氏到燧人氏 …………………………………………… 18
神农尝百草 …………………………………………………… 19
黄帝和炎帝 …………………………………………………… 20
黄帝战蚩尤 …………………………………………………… 21
嫘祖养蚕织衣 ………………………………………………… 22

精卫填海 23
共工怒触不周山 24
尧偷了后羿的一支箭 25
嫦娥奔月 26
尧舜禅让 27
湘妃竹的由来 29
大禹治水 31
龙的传人 32

第2章 夏、商、西周

第一个奴隶制王朝 35
太康亡国 37
少康中兴 38
孔甲遇龙 40
暴君桀 43
商的兴起 45
夏朝的覆亡 46
从奴隶到宰相 48
盘庚迁殷 49
傅说的故事 51
中国历史上的第一女将军妇好 52
武乙射天神 53
后母戊鼎的来历 55
暴君纣杀商容 57
暴君囚姬昌 59
比干剖心 61
暴君纣逐微子启 62
三千年前的古城 63
殷墟甲骨文 66

目录	
当钱使用的贝壳	67
触目惊心的人殉	69
姜太公钓鱼	71
贤德的太姒	73
武王伐纣	74
分封诸侯	76
伯夷叔齐饿死首阳山	78
周公制周礼	79
伯禽趋跪	81
西周建东都	82
史官诫成王	85
召公断民事	87
守住祖先基业的周康王	89
西周铭文	91
最早的机器人	92
徐偃王嗜爱动物	94
周夷王杀鸡吓猴	96
周厉王敛财	98
国人暴动	100
共和时代	102
伯奇流亡	104
箭射恶妇	107
鲁武公立嗣	108
姜后自责进永巷	111
杜伯的故事	113
烽火戏诸侯	114

第3章 东周：春秋

箭射周天王	117
郑庄公掘地洞见母	119
齐桓公登基	121
管鲍之交	122
曹刿论战	123
九合诸侯，一匡天下	125
老马识途	127
愚蠢的宋襄公	129
仙鹤乘车	130
齐桓公饿死宫中	131
骊姬之乱	132
秦晋交兵	134
流亡公子重耳	136
城濮之战	137
晋文公称霸	139
秦晋崤之战	141
楚庄王一鸣惊人	144
唇亡齿寒	146
晏子使楚	147
晏子一日三谏君	148
赵氏孤儿	150
老子其人	153
孔子的故事	154
孔子与《诗经》	157
墨子救宋	159
伍子胥逃亡	160
伍子胥复仇	162

鱼肚藏剑夺王位 …………………………………… 164
孙武训美人 ………………………………………… 166
卧薪尝胆 …………………………………………… 167
陶朱公 ……………………………………………… 170
子贡的妙计 ………………………………………… 171
知音的由来 ………………………………………… 174
伯乐相马 …………………………………………… 176
神医扁鹊 …………………………………………… 177

第4章 东周：战国

三家分晋 …………………………………………… 179
田氏代齐 …………………………………………… 182
吴起的故事 ………………………………………… 184
西门豹治邺 ………………………………………… 187
商鞅变法 …………………………………………… 189
孙膑、庞涓斗智 …………………………………… 192
邹忌讽齐王纳谏 …………………………………… 194
千金买马骨 ………………………………………… 195
胡服骑射 …………………………………………… 197
孟母三迁 …………………………………………… 199
庄周梦蝶 …………………………………………… 200
庄子的洒脱性情 …………………………………… 201
苏秦与"合纵" …………………………………… 202
张仪与"连横" …………………………………… 203
田单的火牛阵 ……………………………………… 205
完璧归赵 …………………………………………… 207
将相和 ……………………………………………… 209
孟尝君厚待门客 …………………………………… 211
鸡鸣狗盗 …………………………………………… 211

孟尝君与冯谖	212
屈原行吟沉江	215
远交近攻	216
赵括纸上谈兵	219
毛遂自荐	221
信陵君窃符救赵	223
范雎的报复	225
荀子的故事	227
令嬴政仰慕的韩非	228
人鼠之叹	229
奇货可居	230
荆轲刺秦王	231

第5章 秦朝

秦灭六国	235
千古一帝	238
秦始皇的长生梦	240
焚书坑儒	241
万里长城	242
张良受书	243
沙丘的阴谋	245
秦二世的黑暗统治	247
揭竿而起	249
李斯未能善终	250
指鹿为马	252
赵高终于死了	253
刘邦志在天下	254
破釜沉舟	256
鸿门宴	259

善出奇谋的陈平 ………………………………………… 261

韩信甘受胯下之辱 ……………………………………… 263

萧何月下追韩信 ………………………………………… 265

暗度陈仓 ………………………………………………… 267

真齐王与假齐王 ………………………………………… 269

蒯通劝韩信 ……………………………………………… 271

陈平计除范增 …………………………………………… 273

四面楚歌 ………………………………………………… 274

第6章 汉朝

西汉开国皇帝刘邦 ……………………………………… 277

田横五百士 ……………………………………………… 279

韩信之死 ………………………………………………… 280

被冤杀的彭越 …………………………………………… 282

英布谋反 ………………………………………………… 284

白登之围 ………………………………………………… 285

白马之盟 ………………………………………………… 287

萧规曹随 ………………………………………………… 289

汉文帝治国 ……………………………………………… 291

少年得志的贾谊 ………………………………………… 293

晁错削地 ………………………………………………… 295

汉武大帝 ………………………………………………… 297

朱买臣的故事 …………………………………………… 298

罢黜百家，独尊儒术 …………………………………… 300

从骑奴到驸马的卫青 …………………………………… 301

青年才俊霍去病 ………………………………………… 303

匈奴未灭，无以家为 …………………………………… 305

李广难封侯 ……………………………………………… 305

张骞出使西域 …………………………………………… 307

割肉怀归 ………………………………………………… 309
司马迁和《史记》 ……………………………………… 310
在牢狱中成长起来的皇帝 ……………………………… 313
苏武持节牧羊 …………………………………………… 315
昭君出塞 ………………………………………………… 317
细腰赵飞燕 ……………………………………………… 319
王莽篡汉改制 …………………………………………… 320
刘秀建东汉 ……………………………………………… 322
光武帝用人 ……………………………………………… 323
辅佐刘秀成大业的邓禹 ………………………………… 325
"大树将军"冯异 ………………………………………… 328
克己奉公 ………………………………………………… 330
佛教传入中国 …………………………………………… 331
班超重开丝绸之路 ……………………………………… 332
续写史书的才女——班昭 ……………………………… 333
张衡和地动仪 …………………………………………… 334
蔡伦与造纸术 …………………………………………… 337
刚正廉洁的杨震 ………………………………………… 338
梁冀专横跋扈 …………………………………………… 340
不畏权势的李膺 ………………………………………… 341
党锢之祸 ………………………………………………… 343
孔融"让梨"之后 ………………………………………… 344
荒唐贪婪的汉灵帝 ……………………………………… 345
黄巾军起义 ……………………………………………… 348

第7章 三国

袁绍屠杀宦官 …………………………………………… 351
真实的"琵琶记" ………………………………………… 353
过目不忘之才 …………………………………………… 355

董卓之乱	356
讨伐董卓联盟	357
司徒王允定计除害	358
辕门射戟	360
神亭交手	361
桥公约	363
谁是英雄	364
文姬归汉	366
官渡之战	367
曹操割发代首	368
三顾茅庐	369
孙氏兄弟经营江东	371
刘备"中策"取益州	373
过江决策	375
万事俱备,只欠东风	377
英雄关羽	378
白衣渡江	380
华佗的故事	381
煮豆燃萁	382
陆逊火烧连营	384
白帝城刘备托孤	386
诸葛亮七擒孟获	387
诸葛亮自贬三级	389
诸葛亮病死五丈原	390
司马懿装病篡权	392
司马昭之心,路人皆知	394
阮籍纵酒保身	395
才高不谨的嵇康	397
阿斗乐不思蜀	399

第8章　西晋、东晋

王濬楼船破东吴 ··· 401
堕泪碑的故事 ··· 403
行赏争功 ··· 405
王恺与石崇斗富 ··· 406
杨皇后与小杨皇后 ··· 408
百日血灾 ··· 409
狗尾续貂 ··· 410
除害英雄周处 ··· 411
周处赴难 ··· 413
二十四友 ··· 414
白痴皇帝晋惠帝 ··· 415
青衣行酒 ··· 416
王与马，共天下 ··· 417
中流击楫 ··· 419
大将温峤 ··· 421
书圣王羲之 ··· 423
磊落丈夫 ··· 425
桓温北伐 ··· 427
东晋名相谢安 ··· 428
谢安化解危机 ··· 430
王猛扪虱而谈 ··· 431
车胤囊萤 ··· 432
苻坚一意孤行 ··· 432
淝水之战 ··· 434
顾恺之 ··· 435
法显西天取经 ··· 437
陶渊明淡泊名利 ··· 438

东晋灭亡 … 439

第9章 南北朝

刘裕建国 … 443
元嘉之治 … 445
檀道济以沙代粮 … 447
拓跋焘执政 … 448
前废帝刘子业 … 450
北魏孝文帝改革 … 451
萧道成除暴君建齐 … 454
荒唐皇帝萧昭业 … 455
范缜不信鬼神 … 457
"菩萨皇帝"梁武帝 … 458
祖冲之 … 460
祖冲之量车轮 … 462
河阴之变 … 463
胡太后修宝塔 … 464
北魏的分裂 … 465
郦道元 … 467
贾思勰 … 469
两面高欢 … 471
邙山大战 … 472
杜弼冒冷汗 … 474
侯景之乱 … 475
喜怒无常的高洋 … 476
高洋的不"肖"的儿子 … 478
改制兴周 … 479
周宣帝诛杀忠良 … 481
陈后主骄奢亡国 … 482

第10章 隋朝

隋文帝杨坚	485
隋文帝猜忌多疑	487
锥舌诫子	489
名臣高颎	491
独孤皇后奇妒改写历史	494
杨广夺位	496
杨素其人	498
李春和赵州桥	500
京杭大运河	502
隋炀帝游江都	504
瓦岗军起义	506
李渊太原起兵	508
好汉秦琼	509
风尘三侠	510
隋炀帝之死	513

第11章 唐朝

唐高祖称帝	517
尉迟恭归唐	519
李世民大破"万人敌"	520
玄武门之变	523
唐太宗纳谏	525
一把漂亮胡子	528
李靖夜袭阴山	529
玄奘西行	531
文成公主入藏	532
药王孙思邈	534

唐太宗立储之争	536
慧能顿悟成佛	538
独一无二的女皇帝	540
请君入瓮	542
名相狄仁杰	544
武则天无字墓碑	546
皇后韦氏乱政	547
太平公主之乱	549
救时之相姚崇	551
唐玄宗"开元之治"	553
唐玄宗封禅泰山	556
唐代天文学家僧一行	558
诗仙李白	560
张旭和怀素	562
鉴真东渡日本	563
茶圣陆羽	565
诗圣杜甫	566
画圣吴道子	568
围棋天才王积薪	570
李林甫口蜜腹剑	572
千古贤宦高力士	574
唐玄宗与杨贵妃	577
安史之乱	578
李林甫与安禄山	581
马嵬驿兵变	583
杜环西域之行	584
郭子仪单骑退敌	587
颜真卿刚直不屈	589
骄横的唐朝藩将	590

柜坊、飞钱和邸店 ………………………………………… 591

韩愈反对迎佛骨 …………………………………………… 594

诗坛伯乐 …………………………………………………… 595

白居易 ……………………………………………………… 596

李商隐 ……………………………………………………… 599

宦官专权 …………………………………………………… 600

朋党之争 …………………………………………………… 601

黄巢起义 …………………………………………………… 603

第12章　五代十国

朱全忠篡位 ………………………………………………… 607

搜刮民财的吸血鬼 ………………………………………… 609

李克用糊涂失人心 ………………………………………… 610

李存勖临危受命 …………………………………………… 612

戏迷皇帝李存勖 …………………………………………… 614

张全义左右逢源 …………………………………………… 615

王彦章乱世坚守气节 ……………………………………… 617

后唐庄宗痛失晚节 ………………………………………… 619

昏庸自大的后唐庄宗 ……………………………………… 620

不识字的英明皇帝 ………………………………………… 622

姚坤不畏强暴 ……………………………………………… 623

耶律阿保机终成大业 ……………………………………… 625

"儿皇帝"石敬瑭 …………………………………………… 627

后唐末帝言行不慎失人心 ………………………………… 628

德才兼备的冯道 …………………………………………… 630

赵德均父子寡廉鲜耻 ……………………………………… 632

契丹蛮横无理，景延广大快人心 ………………………… 635

杜重威出卖全军 …………………………………………… 637

辽太宗痛失天下 …………………………………………… 639

铁腕女人述律太后……641
后汉高祖刘知远……642
贤能淑德李皇后……645
刘知远御驾亲征……647
郭威一战展神威……650
郭威仁爱厚德建后周……651
刘崇为儿报仇反被打……653
柴荣身先士卒成大业……654
周世宗下诏改造旧城……657
一代英主后周世宗……658
王建乱世称霸……660
孟知祥镇守西川……662
孟知祥吞并东川成蜀王……664
杨行密夺权称霸……667
两大霸主交战急……669
杨行密妙计息叛乱……672
徐温步步为营掌大权……675
徐温强振吴国……677
李昇改齐为唐……680
钱镠受父亲告诫尽敛锋芒……682
钱镠获封吴越王……683
钱元瓘因火受惊而亡……686
钱氏父子贤明治国……687
家宴之上，兄弟相残……691
王氏家族为王位骨肉相残……692
大闽于战火中亡国……695
马殷骁勇善战建楚国……697
高季兴险地绝生……700
小国生存亦有道……703

南汉惨遭亡国 ……… 705
"真命天子"张遇贤 ……… 709

第13章 北宋、南宋

文武双全赵匡胤 ……… 713
陈桥兵变 ……… 715
宋太祖奖励气节 ……… 718
杯酒释兵权 ……… 720
围炉定计取天下 ……… 722
半部《论语》治天下 ……… 724
孟昶无奈降北宋 ……… 724
宋太祖平定南唐 ……… 727
"违命侯"李煜 ……… 729
南唐后主亡国痛 ……… 731
北汉归宋 ……… 734
杨家将一门忠勇 ……… 737
承天后称制 ……… 740
澶渊之盟 ……… 741
铁腕宰相吕夷简 ……… 743
富弼的外交 ……… 744
李元昊建西夏 ……… 746
大英雄狄青 ……… 747
毕昇发明活字印刷术 ……… 750
铁面无私的包拯 ……… 751
文坛领袖欧阳修 ……… 753
王安石变法 ……… 755
司马光与《资治通鉴》 ……… 757
昭怀太子的冤屈 ……… 759
沈括与《梦溪笔谈》 ……… 761

宋代三大发明	763
苏轼名满天下	765
风流君王宋徽宗	767
《清明上河图》	769
"书坛怪杰"米芾	771
程门立雪	772
元祐党人碑	773
媪相童贯	774
韩世忠活捉方腊	776
最早的纸币——交子	777
阿骨打建金朝	779
金人的汉化	780
靖康之变	781
范成大不辱使命	782
李纲拼死守京城	783
李纲抗金被罢官	786
宗泽三呼"过河"	787
宋金之战	790
黄天荡战役	791
岳飞抗金报国	793
千古奇冤——"莫须有"	795
杨万里嗜茶如命	797
金戈铁马辛弃疾	798
女词人李清照	800
志在报国的诗人陆游	802
陆游的一字师	805
大儒朱熹	806
陈亮报国无门	807
韩侂胄北伐金朝	808

小赵葵安定三军……810

第14章 元朝

成吉思汗统一蒙古……813
陪成吉思汗征战天下的功臣……815
长春真人的谏言……819
成吉思汗兄弟反目……821
继承人风波……822
成吉思汗西征花剌子模……824
攻灭西夏……825
成吉思汗之死……827
金哀宗蔡州自杀……830
蒙宋灭金……832
乱世诗人元好问……833
耶律楚材……835
贵由汗的统治……837
蒙哥继承汗位……839
元世祖忽必烈……841
忽必烈的文治武功……843
忽必烈推行汉法……847
灭国宰相贾似道……849
亡国太后北迁……851
文天祥"丹心照汗青"……852
陆秀夫负帝投海……855
张世杰死守崖山……857
元世祖东征日本……859
皇帝也为钱发愁……862
平定李璮之乱……867
经略之才王文统……869

元建行省	871
廉希宪礼贤下士	872
大将伯颜	874
推行汉法的真金	876
马可·波罗	878
元朝皇室的和亲	880
关汉卿和元代杂剧	884
大科学家郭守敬	886
纺织家黄道婆	890
武宗海山	891
仁宗即位	893
奸相铁木迭儿	895
南坡之变	896
元朝轻视读书人	898
妙手仁心的名医李杲	902
朱思本绘制地图	904
朱震亨创立滋阴学说	906
王祯制造农业机械	908
元代大书法家赵孟𫖯	910
"你侬我侬"的管道升	911
莺莺和张生	912
《汉宫秋》	914
最早流传到国外的古典戏剧——《赵氏孤儿》	917
《倩女离魂》	918
南戏才子——乔吉	920
四大南戏	922
第一部为戏子立传的书籍——《录鬼簿》	924
元朝名相脱脱	925
《南村辍耕录》	929

乱国之后奇氏 ··· 930
红巾军高举义旗 ·· 931
鄱阳湖之战 ·· 933

第15章 明朝

明朝开国皇帝朱元璋 ··· 937
朱元璋自学成才 ·· 940
开国文臣宋濂 ··· 941
神机妙算刘伯温 ·· 942
朱姓王遍天下 ··· 943
兔死狗烹，鸟尽弓藏 ··· 945
火烧功臣楼 ·· 948
高明改革戏剧 ··· 949
教民便捷的榜文 ·· 951
"代天子出巡"的钦差 ··· 953
明太祖严惩贪吏 ·· 955
明朝的特务政治 ·· 957
武将的尊卑与明朝的兴衰 ·· 958
施耐庵著《水浒传》 ··· 960
罗贯中与《三国演义》 ··· 962
全民学《大诰》 ··· 964
嫡长制的坚守 ··· 966
靖难之变 ··· 968
执意迁都的永乐皇帝 ··· 971
明成祖亲征 ·· 973
儒生宦官 ··· 974
天安门的设计者 ·· 977
郑和下西洋 ·· 978
苏禄国王访中国 ·· 981

解缙组编《永乐大典》	983
爱民惜民的仁、宣二帝	984
屹立不倒的"铁三角"	986
土木之变	989
救世宰相于谦	991
南宫之变于谦被害	993
苦难天子自振作	996
才子唐伯虎	998
传奇的痴情天子	999
伏阙谏诤	1002
太庙与世庙	1004
迷信道教的嘉靖皇帝	1007
嘉靖皇帝为猫立碑	1007
欲壑难填的严嵩父子	1008
杨继盛斗严嵩	1011
嘉靖者,家家皆净	1013
清官海瑞	1015
戚继光抗倭	1018
李时珍著《本草纲目》	1020
"半生落魄"的徐渭	1022
开放海禁,财源滚滚	1023
隆庆和议,明蒙双赢	1026
张居正辅政	1028
奏折留中——皇帝与大臣的冷战	1031
波折不断的太子册封	1032
学贯中西的徐光启	1034
游遍千山的徐霞客	1037
东林书院	1039
红丸案	1040

魏忠贤权势熏天 …………………………………………… 1042

朝委夕弃的辅相 …………………………………………… 1043

李自成起义 ………………………………………………… 1046

崇祯景山自缢 ……………………………………………… 1048

第16章 清朝

努尔哈赤 …………………………………………………… 1051

八旗制度 …………………………………………………… 1053

萨尔浒之战 ………………………………………………… 1054

袁崇焕横戈戍边 …………………………………………… 1057

皇太极巧施反间计 ………………………………………… 1059

皇太极独揽大权 …………………………………………… 1062

吴三桂引清兵入关 ………………………………………… 1064

孝庄太后 …………………………………………………… 1066

多尔衮为崇祯帝治丧 ……………………………………… 1067

史可法抗清 ………………………………………………… 1068

嘉定三屠事件 ……………………………………………… 1069

冯铨被参案 ………………………………………………… 1072

豪格因何而死 ……………………………………………… 1074

吴兆骞流放宁古塔 ………………………………………… 1076

光头天子 …………………………………………………… 1079

金圣叹之死 ………………………………………………… 1081

中西历法之争 ……………………………………………… 1083

康熙囚鳌拜 ………………………………………………… 1086

有胆有识削"三藩" ……………………………………… 1089

郑成功收复台湾 …………………………………………… 1091

施琅的沉浮 ………………………………………………… 1094

根特木尔叛逃事件 ………………………………………… 1096

中俄《尼布楚条约》 ……………………………………… 1099

三征噶尔丹 …………………………… 1101
靳辅治河 …………………………… 1103
讲究率真的美食家李渔 …………………………… 1106
顾炎武著书立说 …………………………… 1108
八大山人朱耷 …………………………… 1110
明珠的得宠与失宠 …………………………… 1112
康熙帝与他的"木兰秋狝" …………………………… 1114
蒲松龄落魄写《聊斋》 …………………………… 1116
康熙帝定藏 …………………………… 1118
康熙帝种稻 …………………………… 1120
孔尚任被罢官 …………………………… 1122
康熙帝两次废太子 …………………………… 1124
满、汉官之争 …………………………… 1127
吴敬梓与《儒林外史》 …………………………… 1129
千叟宴 …………………………… 1130
神州盛世 …………………………… 1132
雍正皇帝 …………………………… 1134
耗羡归公 …………………………… 1136
曹、李两家的跌宕命运 …………………………… 1138
和通泊惨败 …………………………… 1140
乾隆帝勤于国政 …………………………… 1143
福康安进兵西藏 …………………………… 1145
金奔巴瓶的分量 …………………………… 1147
讷亲自刎 …………………………… 1147
阿睦尔撒纳假归附 …………………………… 1150
下江南开腐败之风 …………………………… 1152
郑板桥画竹 …………………………… 1155
王锡侯《字贯》事件 …………………………… 1156
曹雪芹与《红楼梦》 …………………………… 1158

土尔扈特回归祖国 ………………………………………… 1161
纪晓岚总纂《四库全书》 ………………………………… 1163
马戛尔尼使华 ……………………………………………… 1165
"和珅跌倒，嘉庆吃饱" …………………………………… 1166
天理教起义 ………………………………………………… 1168
混日子的曹振镛 …………………………………………… 1170
龚自珍忧国忧民 …………………………………………… 1172
林则徐虎门销烟 …………………………………………… 1174
鸦片战争 …………………………………………………… 1177
三元里抗英 ………………………………………………… 1179
《南京条约》 ……………………………………………… 1180
太平天国运动 ……………………………………………… 1181
石达开智败曾国藩 ………………………………………… 1183
天京事变 …………………………………………………… 1186
铜瓦厢改道事件 …………………………………………… 1188
英法联军火烧圆明园 ……………………………………… 1190
叶名琛异国绝食而亡 ……………………………………… 1193
辛酉政变 …………………………………………………… 1195
左宗棠收复新疆 …………………………………………… 1197
洋务派兴办洋务 …………………………………………… 1200
中国铁路之父詹天佑 ……………………………………… 1202
中法战争 …………………………………………………… 1204
中日甲午战争 ……………………………………………… 1206
黄海战役 …………………………………………………… 1208
公车上书 …………………………………………………… 1209
戊戌变法 …………………………………………………… 1210
义和团运动 ………………………………………………… 1213
八国联军侵华 ……………………………………………… 1216
邹容与陈天华 ……………………………………………… 1217

鉴湖女侠——秋瑾·· 1218
光绪帝死之谜·· 1219
科举制·· 1221
清代皇帝的葬礼··· 1222
孙中山·· 1224
黄花岗起义··· 1226
武昌起义·· 1227

第17章 中华民国

中华民国诞生··· 1231
杰出的革命军统帅黄兴··· 1234
清帝溥仪退位··· 1234
袁世凯复辟帝制·· 1235
蔡锷护国·· 1237
陈独秀与《新青年》·· 1240
五四爱国运动··· 1242
中共召开"一大"··· 1244
中国国民党"一大"·· 1246
创立黄埔军校··· 1247
"四一二"反革命政变··· 1248
南昌起义·· 1251
八七会议·· 1253
秋收起义·· 1254
广州起义·· 1255
井冈山革命根据地·· 1256
中国工农红军··· 1258
"九一八"事变·· 1259
伪满洲国·· 1261
四次反"围剿"··· 1262

二万五千里长征 …… 1264
遵义会议 …… 1265
西安事变 …… 1268
第二次国共合作 …… 1270
卢沟桥事变 …… 1271
南京大屠杀 …… 1274
血战台儿庄 …… 1275
百团大战 …… 1277
抗日战争 …… 1279
国共重庆谈判 …… 1280
全面内战的爆发 …… 1282
千里跃进大别山 …… 1285
辽沈战役 …… 1287
淮海战役 …… 1288
平津战役 …… 1289
开国大典 …… 1292

大事年表 …… 1297

第 1 章 远古

据现代科学(考古学、古人类学、民族学、古生物学、古气候学等)研究,人类赖以生存的地球形成于约 46 亿年前,人类则出现于约 300 万—350 万年前。

在考古学中,人类历史大致分为旧石器时代(始于人类出现后)、新石器时代(约始于八九千年前)、红铜时代(约始于公元前 4000 年)、青铜时代(约始于公元前 3000 年)、铁器时代(约始于公元前 1400 年)等阶段。其中,旧石器时代、新石器时代,属于人类的史前时代(始于人类的出现,终于"国家"的产生),没有文字记录,所以,主要是通过考古资料对它们进行研究。

进入 20 世纪以后,在中国陆续发现了很多古人类化石、遗址。其中,元谋猿人、蓝田猿人、北京猿人、山顶洞人等,处于旧石器时代;河姆渡文化、仰韶文化、大汶口文化、良渚文化、龙山文化等,处于新石器时代。

在进入文明时代后不久,古人对天地的形成、人类的产生等问题是无法进行科学解释的,所以产生了很多神话传说,比如,盘古开天辟地、女娲造人、三皇五帝等。尽管它们是神话传说,但是其中仍然包含了不少历史的影子。

元谋猿人

我国境内已知的最早的人类,是距今约170万年的"元谋猿人"。今云南省元谋县一带,在约170万年以前,榛莽丛生,郁郁森森,是一片亚热带草原和森林,爪蹄兽、真枝角鹿等第三纪残存动物在这里出没。再晚一些,则有了桑氏缟鬣(liè)狗、云南马、山西轴鹿等动物,它们大多数都是食草类野兽。为了生存,元谋猿人使用石器猎捕它们。

1965年,地质工作者在元谋县上那蚌村附近的地层中发现了古人类的化石,这种古人类被命名为"元谋直立人",俗称"元谋人"。元谋人化石以两枚上内侧门齿为代表,一左一右,属于同一成年人个体。齿冠保存完整,齿根末梢残缺,表面有碎小裂纹,裂纹中填有褐色黏土。元谋人的两枚牙齿很粗壮,唇面比较平坦,舌面的模式非常复杂,具有明显的原始性质。

此外,在元谋人遗址的地层中还出土了7件石制品,人们还在地表采集到10件石制品,皆属旧石器,其类型包括尖状器、砍砸器和刮削器。在化石层出土了大量的碳屑和两件烧骨,这表明元谋人在当时已学会用火了。元谋人亦是目前所知最早使用火的原始人。在遗址中还有一些有明显人工痕迹的动物骨片,这说明当时元谋人已会制造骨器和简单的工具了,而会不会制造和使用工具是人类与动物的根本区别。

蓝田猿人

在距今约 115 万年至 65 万年的时间里,在今陕西省蓝田县公王岭地带,生活着一些原始人类,这就是"蓝田猿人"(简称"蓝田人")。

已被发现的蓝田人化石有 1 具头骨、上下颌骨各 1 具和 3 颗臼齿,同属于一个成年人,可能是女性。头骨骨壁极厚,额骨很宽,明显地向后倾斜;眉嵴粗壮,在眼眶上方形成一条横行的骨嵴;脑容量约为 780 毫升;头骨高度甚小。这些特征表现出较为原始的形态。

在发现蓝田人化石的地层中还发现了大尖状器、砍砸器、刮削器和石片等石器。加工方法为简单的锤击法,石片一般未经第二步加工即付诸使用。蓝田人打制的石器比较简单,又粗又大,但仔细观察后会发现,那时候已经有不同类型石器分工的迹象。

当时与蓝田人共生的哺乳动物有 40 多种,其中包括剑齿虎、剑齿象、水鹿等,带有强烈的南方动物群的特征。这一方面表明当时蓝田一带气候温暖、湿润,林木茂盛;另一方面也表明那时的秦岭不像今天这么高,还未隆起成为妨碍南北动物迁移的地理屏障。

北京猿人

20 世纪前期,在北京西南周口店龙骨山的山洞里,我们发现了远古人类的遗骨,这就是"北京猿人"(简称"北京人"),他们生活在距今 70 万年至 23 万年。

北京人的发现确证了直立人的存在,使人类进化的序列得以基本确立,也为

"从猿到人"的学说提供了最有力的证据。1937年,发掘工作由于日本帝国主义者发动全面侵华战争而中断。当时已发现的北京人头盖骨共有5个,还有头骨碎片、面骨碎片、下颌骨、股骨、肱骨、锁骨、月骨、牙齿等147颗化石。这些珍贵的标本被保存在北京协和医学院。1941年,太平洋战争爆发后,标本不知去向,迄今仍下落不明。

中华人民共和国成立后,周口店的发掘工作得以恢复。把前后发掘都计算在内,总共有属于40多个个体的北京人化石,不下10万件石制品,以及丰富的骨器、角器和用火遗迹。北京人遗址的材料,在全世界发现的同一阶段人类遗址中,是最丰富、最系统的,为研究旧石器时代早期的人类及其文化提供了可贵的资料。

通过研究发现,北京人的颧骨较高,脑容量平均仅1088毫升。身材粗短,男性高约156厘米,女性高约144厘米。腿短臂长,头部前倾。有些学者认为,当时北京人已会制造骨角器。除狩猎外,可食的野果、嫩叶、块根,以及昆虫、鸟、蛙、蛇等小动物也是北京人日常的食物来源。

在北京人住过的山洞里有很厚的灰烬层,这表明北京人已经会使用火和保存火种。北京人用火烧烤食物,还用火照明、取暖、去湿和驱赶野兽。北京人住过的洞穴一角,被后人称为"鸽子堂"。据考古学家推断,那里就是北京人烧烤食物的地方,这也就是远古居民的"厨房"。在漫长的岁月里,我们的祖先同大自然进行着艰苦的斗争,缓慢地进步着,逐步完成了从吃生食到吃熟食的转变。

山顶洞人

山顶洞人,因发现于北京市周口店龙骨山北京人遗址顶部的山顶洞而得名。在发掘遗址过程中,人们发现了许多人类化石、石器、骨角器和穿孔饰物,并发现了中国迄今所知最早的墓葬。

山顶洞人生活的年代距今约一万八千年,处于母系氏族公社时期,女性在社会生活中起主导的作用,而氏族成员们按母系血统确立亲属关系。他们使用共有的工具,共同劳动,共同分配食物,没有贫富贵贱的差别。山顶洞人仍用打制石器,但已掌握磨光和钻孔技术。他们已会人工取火,靠采集、狩猎为生,还会捕鱼。他们能走到很远的地方同别的原始人族群交换生活用品。山顶洞人已会用骨针缝制衣服。在他们的洞穴里还发现了一些有孔的兽牙和磨光的石珠,大概是他们佩戴的装饰品。他们死后还要埋葬。

山顶洞人的体质已大大增强。头骨的最宽处在顶结节附近,牙齿较小,齿冠较高,下颌前内曲极为明显,下颏突出,脑量达1300—1500毫升。这些特征和现代人已基本一致。

山顶洞人所处的自然环境和现在当地的环境相似。山上有茂密的森林,山下有广阔的草原。虎、熊、狼、猎豹、牛、羊等生存其间。山顶洞人以渔猎和采集为生。在遗址中,人们发现了大量的野兔和数百个北京斑鹿个体的骨骼,由此看来,这些动物应是他们狩猎的主要对象。在遗址里还发现鲩鱼、鲤科的大胸椎和尾椎化石,说明山顶洞人已能捕捞水生动物,把生产活动范围扩大到了水域,这标志着人类认识和利用自然界的能力已经提高。

山顶洞人的石器虽然不典型,但其骨器和装饰品已制作得十分精美。他们掌握了钻孔技术,不仅会一面直钻,而且能两面对钻。他们能在鲩鱼的眼上骨和直径只有3.3毫米的骨针上钻出细孔,表明他们的技术已相当熟练,制造钻孔工具的技术也已达到相当高的水平。山顶洞人掌握了磨制技术,尽管这种技术仅用于制造装饰品,却为以后新石器时代磨制工具的出现打下了基础。

河姆渡文化

关于种稻的发明权归属哪里这一问题,学术界曾有争议。曾有学者认为中国的水稻技术来源于印度或日本。直到1973年我国浙江余姚河姆渡遗址被发现,外国学者才不得不做出结论:世界上最早的种稻人,是中国长江中下游地区的原始居民。

河姆渡遗址的发现和挖掘,是我国近几十年来史前考古工作中的一大奇迹。河姆渡遗址总面积约4万平方米,叠压着四个文化层。经测定,最下层的年代为公元前4800年。

从发掘出来的遗物、遗迹来看,河姆渡人创造了极其灿烂的文化。可以说,他们是聪明富有创造力的远古人类,是我国古代的天才发明家,是中华文明的最早开拓者。

与前辈和同辈工匠相比,河姆渡人在居室建筑上有了很大的突破。

在新石器时代早期,我们的祖先便学会了建造居室,只是房屋比较简陋,大都是就地取材。在黄土地带,房屋一种是方形,一种是圆形。方形房屋是半地上半地下的半地穴式,圆形房屋则多是地面建筑。我们的祖先集体修建房屋,首先要挖一个土坑作为地基,面积约二十平方米,高度约六七十厘米;然后在地基上安放由树枝或其他材料构成的屋架;最后在屋架上铺上一层茅草之类的东西,这样整个房屋框架就基本完成了。因为是半地穴式,所以门前通常会设置一个坡状或阶梯门道以供出入,有的还设有门栅。圆形房屋没有地基,房屋直径一般为五六米,多为平地竖起。

河姆渡人所建的房屋,在材料选用、结构技术上,都代表了当时的最高技术水平。考古学家们习惯于把他们建筑的居室称为木构干栏式长屋。

河姆渡人修建长屋的技术非常复杂,一般要经过选址、伐木、加工成各种构件以及结合成型等工序。因为当时没有锯子,所以将原木加工成木板是工序中最为困难的一部分。而聪明的河姆渡人巧妙地在原木拟定的剖裂线上,每隔一定的距离嵌入一只锋利的石楔,然后用力敲击,使原木按拟定线部位裂开,得到了他们所需的板材。之后他们再用石斧对木板稍加修整,就可以使用了。

此外,河姆渡人还创造了我国古代建筑史上的一个奇迹——用榫(sǔn)卯来结合房屋构件的方法,这种结合房屋构件的方法,直到今天还被人们广泛应用着。

除了建筑方面,河姆渡人在饮食方面,也取得了震惊后世的成就。

在河姆渡遗址中,考古工作者发现了大量的陶器和石制、骨制工具,其中最引人注目的是大批的稻谷和米粒。在考古学家的发掘报告中写道,河姆渡遗址地层中堆积的秕(bǐ)谷、谷壳、谷粒和稻根、稻秆,平均有四五十厘米厚,估计稻谷重量在120吨以上。在河姆渡人居住过的建筑遗址里,随处可见稻谷的遗迹,甚至在他们用作烹调器具的敞口釜中，还残留着饭粒和锅巴。出土的谷子色泽鲜黄，叶脉清楚可数，须根也完好无缺，颖壳（谷粒外包的干燥鳞状的保护壳）表面的稻毛清晰可辨，与刚刚收获的稻子几乎没有分别。

这些丰富的遗物充分证明了，早在7000年前，我国长江中下游的居民就已经完全掌握了水稻种植技术，并且将稻米当作了主要的食粮。

我们可以自豪地说，河姆渡的稻谷，不仅是我国，更是"世界上最古老的人工栽培水稻"，它比曾被誉为"世界上最古老的稻谷"——泰国奴奴克塔遗址中的标本，还要早几百年。

水稻由中国相继传到了东亚邻近的国家，如朝鲜。直到汉代，才传到日本和菲律宾一带。大约在5世纪，经伊朗、西亚、非洲传入欧洲。哥伦布发现新大陆后，美洲人才从非洲人那里引进了种稻的技术。这样说来，河姆渡是水稻的摇篮，这是毫无疑问的事实。

河姆渡人对世界文明作出的贡献，除了发明种植水稻，还有驯化和饲养牲畜。在遗址中，考古学者们发现了大量的动物遗骸，动物种类很多，既有牛、猪、鹿、狗、象等，也有猴子和乌龟。其中数量最多的是狗和猪的遗骨。

狗是最早被人类驯化的动物之一。河姆渡人养狗，主要是为了让它们狩猎和看家。河姆渡人的养猪业相当发达。在遗址中发现的猪骸骨不下70具。经检测，这些家养猪牙齿磨损的程度并不严重，可见，它们被驯化的时间很短，一般只有一两年光景。除个别种猪外，绝大多数都是宰杀后供人们食用。

河姆渡遗址的发现，改变了只有黄河流域才是中华远古文化摇篮的传统观点，证明了长江流域和黄河流域都是中华民族的发祥地，中华民族文化的起源是多元的。

仰韶文化

仰韶文化是黄河中上游地区重要的新石器时代文化,它的持续时间在公元前5000年至公元前3000年。

仰韶文化的生产工具以较发达的磨制石器为主,常见的有刀、斧、锛、凿、箭头、纺织用的石纺轮等。骨器也相当精致。农业也较为发达,作物为粟和黍。饲养的家畜主要是猪,还有狗。人们也从事狩猎、捕鱼和采集。

各种水器如甑(zèng)、鼎、碗、杯、盆、罐、瓮等日用陶器,以细泥红陶和夹砂红褐陶为主,主要呈红色,多用手工制作,先用泥条盘成器形,然后将器壁拍平制造。红陶器上常有彩绘的几何图案或动物花纹,这是仰韶文化的最明显特征,故仰韶文化也称彩陶文化。

仰韶文化制陶业发达,较好地掌握了选土、造型、装饰等工序,制作时多采用泥条盘筑法成形,用慢轮修整口沿,在陶器表面装饰各种精美的纹饰。陶器种类有钵、盆、碗、细颈壶、小口尖底瓶、罐与粗陶瓮等。其彩陶器造型优美,表面用红彩或黑彩画出简洁优美的几何图案或动物花纹,其中人面形纹、鱼纹、鹿纹、蛙纹与鸟纹等形象逼真生动。不少出土的彩陶器为艺术珍品,如水鸟啄鱼纹船形壶、人面纹彩陶盆、鱼蛙纹彩陶盆、鹳(guàn)衔鱼纹彩陶缸等。陶塑艺术品也很精美,有附饰在陶器上的各种动物塑像,如隼(sǔn)形装饰、羊头器钮、鸟形盖把、人面头像、壁虎及鹰等,皆栩栩如生。在半坡等地的彩陶钵口沿黑宽带纹上,还有50多种刻画符号,可能具有原始文字的性质。在濮阳西水坡又发现了用蚌壳摆塑的龙虎图案,是中国迄今所知最完整的原始时代的龙虎形象。

仰韶文化是一个以农业为主的文化,其村落有大有小,比较大的村落的房屋有一定的布局,周围有一条围沟,村落外有墓地和窑场。村落内的房屋主要有圆形和方形两种,早期的房屋以圆形单间为主,后期以方形多间为主。房屋的墙壁是泥做的,有用草混在里面的,也有用木头做骨架的。墙的外部多被裹草后点燃烧过,以此来加强其坚固度和耐水性。村落选址一般在河流两岸经长期侵蚀而形成的阶地上,或在两河汇流处较高而平坦的地方,这些地方土地肥美,有利于发展农业、畜牧业,取水和交通也很方便。

大汶口文化

大汶口文化约始于公元前4500年或稍晚,主要分布在山东省及江苏省淮北地区,包括北辛文化和龙山文化。

大汶口文化以农业生产为主,兼营畜牧业,辅以狩猎和捕鱼业。现已发现许多大小不等的村落遗址。村落遗址的地点,有的在靠近河岸的土地上,有的在平原地带的高地上。农业以种植粟为主。

大汶口文化的生产工具仍以石器为主,兼有一些骨器、角器和蚌器。石器有铲、斧、凿、刀、匕首、矛等,有的石铲和石斧钻有圆孔,还有一些带柄石铲。骨器有镰、鱼镖、镞、匕首和矛等。

大汶口文化的制陶技术较前已有很大提高。陶质有红陶、灰陶、黑陶和白陶四类。陶器装饰以镂刻和编织纹最具特色。常见的纹饰有锥刺纹、附加堆纹、弦纹、划纹和篮纹。彩陶不多,彩陶上以黑彩和红彩绘平行线纹、弦纹、叶纹、花瓣纹、八角星纹等几何图案。陶器盛行三足器和圈足器。器形有罐形鼎、钵形鼎、壶形鼎、背壶、长颈壶、深腹罐等。高柄杯和白陶器是大汶口文化中最具特色的陶器。

大汶口文化时期,从事社会生产的劳动者的性别发生了很大的变化。在大汶口文化中期以后,墓葬中随葬石铲、石斧、石锛等生产工具的主要是男性,而随葬纺轮的则主要是女性。这说明男子已成为社会生产,特别是农业生产的主要担当者,而妇女则从事纺织等室内劳动,社会已经从母系氏族公社阶段发展到父系氏族公社阶段了。

大汶口文化晚期,随着生产的发展,私有制已经出现了,家猪就是大汶口氏族里的一种重要资产。有一些大汶口墓葬里随葬有很多猪头和猪的下颚骨,这些随葬的猪头和猪的下颚骨,应是墓主人生前的私有财产。此外,用来随葬的私有财产还有陶器、生产工具和各种装饰品等。

私有制的产生和发展,必然导致贫富分化,在氏族内部开始出现富有者和贫穷者。大汶口文化中晚期的墓葬清楚地反映了这种演变。从墓的规模看,有大墓和小墓的差别;从随葬品来看,差别更大。有的墓随葬品比较丰富,包括陶器、玉器、石器等;有的墓随葬品却很贫乏。由此可见,当时贫富分化已经十分显著了。

龙山文化

龙山文化泛指中国黄河中下游地区出现在新石器时代晚期的一种文化,因首次发现于原山东省历城县龙山镇(今属济南市章丘区)而得名。年代为公元前2800年至公元前2300年,分布在山东半岛,而陕西、山西、河南、河北、辽东半岛、江苏、湖北等地区,也有类似的遗址被发现。

大汶口文化以许多薄、硬、光、黑的陶器最具特色,磨光黑陶数量更多,质量更精。出现了薄如蛋壳表面光亮如漆的器物——蛋壳黑陶,所以也叫它"黑陶文化"。快轮制陶技术在这一时期得到普遍采用,这一时期是中国制陶史上的顶峰。

龙山文化除陶器外,还有大量的石器、骨器和蚌器等。这一时期的人们以农业为主而兼营狩猎、捕鱼、畜养牲畜。他们已有骨卜的习惯,并且当时可能已经出现铜器。历史上夏、商、周的文化,都可能与龙山文化有相当密切的联系。

良渚文化

良渚遗址于1935年在浙江省吴兴被发现,1936年开始发掘。良渚文化发现之初,人们曾一度将其归入龙山文化,直到20世纪50年代后半期,才把它从龙山文化中独立出来,并赋予其良渚文化这一名称。

良渚古城遗址的发现纯属偶然,是缘于一次保护区域内农民住宅外迁安置点的基建项目。当时,文物考古研究所研究人员在瓶窑葡萄畈遗址高地西侧进行挖掘时,发现了一条良渚时期的南北向河沟。随后,考古队员深入挖掘。洛阳铲在4米多深的地方碰到了石块,换个地方再铲,在差不多的深度再次碰到了石块。当泥土一层层挖去,一大片石块露出来。

经过局部解剖发现,这一高地是由人工堆筑而成的,宽60多米,深近4米。考古人员发现整块土地其实都是人工夯筑而成——土质为黄土,不同于良渚一带灰黑色淤泥,明显是通过人工从外面搬运而来的。在黄土下面,铺着一层石块,石块比较圆滑,应该是从周边拣来的。之后的挖掘证明,这大堆的黄土就是良渚古城的西城墙,稻田下的沟渠是护城河。

良渚出土的陶器,以泥质灰胎磨光黑皮陶最具特色,采用轮制,器形规则,圈足器居多,用镂孔、竹节纹、弦纹装饰,也有彩绘。玉器很多,有璧、琮、璜、环、珠等,大部分出土于墓葬。与良渚遗址同类型的遗址,在长江下游的苏南,直至钱塘江以北的平原地区,分布较广,考古学界统称为"良渚文化"。根据对有关遗址出土文物的测定发现,其年代为公元前3300年至公元前2200年,先后延续达千年之久。

1982年底,考古工作者在位于长江北岸的浦口营盘山遗址,出土了大量石器、玉器、陶器等遗物。其中包括最早的龙形玉饰件。这两条龙一条是"抬头龙",脖子是往上抬的;另一条则是"俯首龙",龙头是往下弯的。1986—1987年,在良渚墓葬中出土的大量随葬品中玉器占90%以上,象征财富的玉器和象征神权的玉琮以及象征军权的玉钺,为研究阶级的起源提供了珍贵的资料,而且使世界上许多大博物馆对旧藏玉器进行重新鉴定、命名,使一些原被误认为是"汉玉"(实际上是良渚玉器)的玉器的历史推前了2000多年。

出土的丝织品残片,是先缫后织的,这是我国迄今发现最早的丝织实物,这块距今5200年至4700年的丝绢堪称"世界第一片丝绸"。1994年,考古人员又发现了超巨型建筑基址,面积超过30万平方米,经确认是人工堆积的大土台,土层最厚处达10.2米,其工程之浩大,世所罕见。考古学界认为"良渚文化是中华文明的一个源头"。

良渚文化是一支分布在太湖流域的古文化。考古研究表明,在良渚文化时期,农业已率先进入犁耕稻作时代;手工业趋于专业化,琢玉工业尤为发达;大型玉礼器的出现揭开了中国礼制社会的序幕;贵族大墓与平民小墓的分野显示出社会分化的加剧;刻画在出土器物上的"原始文字"被认为是中国成熟文字的前奏。有专家指出:中华文明的曙光是从良渚升起的。

中国古代的独创性发明——漆器

1977年,在原浙江省余姚县(今余姚市)河姆渡遗址的第三文化层中发现了一个漆碗和一个缠藤篾朱漆木筒。这两件文物是目前所见最早的中国古代木胎漆器。

河姆渡遗址中出土的漆品是中国漆器艺术滥觞(shāng)时期的标志性器物,由此揭开了中国漆器制造史的第一页。它们在中国漆器发展史上占有重要的地位。

公元前3300年至公元前2200年,在长江下游地区,存在一种良渚文化。它因1936年首次发现于浙江省余杭县良渚镇(今属杭州市余杭区)遗址而得名。其分布区域南以钱塘江为界,西北到江苏省常州市一带,分布中心是太湖地区。此外,长江北岸的江苏省海安青墩遗址上层也含有某些良渚文化的因素。良渚文化遗址也有漆器出土。如江苏省苏州市吴江区梅堰良渚文化遗址曾出土的黑漆陶罐、浙江省遂昌县三仁乡好川村良渚文化大型墓地发现的朱红色漆器印痕、浙江省余杭反山和瑶山两处良渚文化遗址发现的漆碗和嵌玉高柄朱漆杯。

以上列举的一些考古发现的漆器，它们生产的年代都早于虞舜时期。可见我国制造漆器的历史已有7000多年。

所谓"漆器"，就是用漆涂在各种器物表面制成的器具。漆器不仅色泽明亮，光彩夺目，高雅华丽，而且具有防腐、耐酸、抗碱的特性。它跟瓷器一样，也是古代中国人民的重要发明。漆器用途广泛，可以说渗透到社会生活的各个方面。例如，饮食器有杯、盘、碗、勺、匕等；妆奁（lián）器有奁、盒、梳、篦、鉴（镜子）等；礼器有鼎、豆、壶、簋（guǐ）、觚等；乐器有琴、瑟、鼓、笙、箫、笛、竽等；兵器有盾、甲、弓、弩、矢等；马车器有车舆、车辕、车伞盖穹和马饰等；家具有案、几、床、箱、屏等；葬具有棺、椁、俑、镇墓兽等。

制造漆器的主要原料是漆，即从漆树身上割取出来的汁液。

漆树生长5至10年就可以割漆。采割生漆，只要用刀在树皮上割开"V"或"一"字形状的口子，找到树皮深层的漆液沟，就会有漆液流出来。漆液是乳白色黏稠液体，即生漆或天然漆，俗称"大漆"。生漆在日光下一边搅动一边照晒脱水，并与空气接触发生化学变化，逐渐成为深色黏稠的流体，称为熟漆。

天然生漆必须经过加工提炼才能使用，所以制漆很重要。我们祖先常常往漆里掺加桐油，制成油漆。桐油是从我国特产油桐树种子中榨出来的。利用桐油和漆都能结膜的共性，把二者合用，使彼此取长补短，这在化学技术史上是一项卓越的创举。

跟纺织丝绸技术的传播一样，制造漆器技术也是由中国直接或间接传向世界各地的。

汉唐时期，中国漆器开始走出国门。经中亚、波斯、阿拉伯，向西传到欧洲一些国家。新航路开辟后，中国与欧洲直接贸易，葡萄牙人、荷兰人、西班牙人等不断把中国漆器贩运到欧洲，这些漆器深受欧洲人的欢迎。

漆器的发明，是中国对世界的一大贡献。

盘古开天辟地

　　天地是怎样形成的？人类是从哪里来的？这些"谜"在被解开之前，几千年来只能靠神话故事来回答。当然，神话故事往往很荒诞离奇，可是，它们却反映了人类祖先对自然现象和社会生活的天真解释，反映了他们美好的幻想和向往。自古以来，我国就流传着一个"盘古开天辟地"的神话故事。

　　传说在遥远的古代，天地还没有形成，宇宙是混混沌沌的一团气，既不分上下左右，也没有东西南北，没有光，没有声音，犹如一颗浑圆的鸡蛋。人类始祖盘古氏在这个浑圆的东西中间孕育了一万八千年，终于像鸡蛋孵化出的小鸡一样，破壳而出。出生后的盘古氏挥舞起一把神斧，把这一团混沌之气劈成两部分，一部分清而轻的气往上升，一天能升一丈，天长日久，就形成了天；一部分浊而重的物质往下沉，一天能沉一丈，天长日久，就形成了地。

　　天和地分开以后，盘古怕它们还要合拢，就头顶天，脚踏地，站在天地的当中，随着它们的变化而变化。以后，天每天高出一丈，地也每天加厚一丈，盘古氏本人也每天长高一丈。就这样，又过了一万八千年，天升得很高很高，地变得很厚很厚，盘古氏也长成了顶天立地的巨人。盘古氏的身子究竟有多长呢？有人说是有九万里长。这个巍峨的巨人，就像一根长柱子似的，直挺挺地撑在天地之间，不让它们有重归于混沌的机会。

　　盘古氏成为巨人之后，有了喜怒哀乐的表情，而天地也随着他情绪的变化而变化。盘古氏高兴的时候，天空就很晴朗；当他发怒的时候，天空就变得阴沉起来；当他哭泣的时候，天空就下起雨来；当他呼吸的时候，大地上就形成一阵阵大风；当他睡着时，发出的鼾声，就是轰鸣的雷声。

　　也不知多少年过去了，这位伟大的巨人死了。他躺在大地上，头东脚西，他的左眼变成了光芒四射的太阳，右眼变成了皎洁明亮的月亮；他的手足、身躯，变成了支撑天空的四个天柱；他的五脏，变成了五方的名山；他的血液，变成了川流不息的江河；他的筋脉，变成了大地的框架轮廓、道路；他的肌肉，变成了田土；他的头发、胡须，变成了天上数不清的星星；他的皮肤和汗毛，变成了花草树木；他的牙齿、骨头、骨髓等，变成了闪光的金属、坚硬的石头、温润的宝玉；就是那最没有用处的身上出的汗，也变成了清露、甘霖。

就这样，盘古融入到了天、地之间。这位伟大的创世英雄，在用尽毕生精力完成开天辟地之后，又把身躯的每一部分奉献给了这个宇宙，完成了生命历程的最后升华。

女娲的故事

关于人类的诞生，我国自古还流传着一个"女娲造人"的神话故事。

盘古开辟了天地，他的身躯变成了日月星辰、山川草木。那残留在天地间的浊气慢慢化作虫鱼鸟兽，给这死寂的世界增添了生气。在盘古死去之后，天地间空荡荡的，一片沉寂，再也听不见巨人的欢笑声和坎坎的伐木声。

不知多少年过去了，这天地间又出现了一个女人，后人叫她女娲氏。她与伏羲是兄妹，人首蛇身。她神通广大，化生万物，每天至少能创造出70样东西。传说女娲在正月初一创造鸡，初二创造狗，初三创造羊，初四创造猪，初五创造牛，初六创造马。

初七这一天，女娲行走在这片莽莽榛榛的原野上，看着周围的景象，感到非常孤独。她觉得在这天地之间，还应该添一点儿什么东西进去，让其生气蓬勃起来才好。她忽然灵机一动，世间各种各样的生物都有了，单单没有像自己一样的生物，那为什么不创造一种像自己一样的生物加入世间呢？女娲先是用黄泥掺和了水，在手里揉捏成一个娃娃模样的小东西，放到地面时，泥捏的小家伙便活了起来，并且一开口就喊："妈妈！"接着就是一阵兴高采烈的跳跃和欢呼，表示他对于生命的欢乐。

女娲看着她亲手创造的这个聪明美丽的生物，又听见"妈妈"的喊声，不由得乐在心头,喜上眉梢。她给这可爱的小东西取了一个名字,叫作"人"。女娲对于自己的作品,感到十分满意。于是,她又继续用黄泥做了许多能说会走的可爱的小人儿。这些小人儿在她的周围欢呼跳跃,嘴里不停地喊着:"妈妈!妈妈!"这使她精神上有说不出的高兴和安慰。从此,她再也感觉不到孤独和寂寞了。为了让人布满大地,女娲工作了很久,直到疲倦不堪。后来,女娲想出一个绝妙的创造人类的方法,她从崖壁上拉下一条枯藤,伸到一个泥潭里,搅成了浑黄的泥浆,然后提起枯藤,向四处挥洒。只见泥点溅落的地方,出现了许多小人儿。藤条不停地挥洒,不久,大地上就布满了人类的踪迹。

既然大地上有了人类,女娲的工作似乎可以停止了,但伟大的女娲却在想:假如这些小人儿都死了该怎么办呢?总不能死一批再造一批吧。于是她把男人和女人配合起来,让他们生儿育女,自己去创造后代,把人类的种子一代一代延续下去。女娲因为替人类建立了婚姻制度,使男人和女人成双成对,做了人类最早的媒人,所以后世的人将女娲奉为媒神,即婚姻之神。另外,女娲还创造了瑟、笙簧、埙(xūn)等中国的传统乐器。从此,人类便在美丽的大地上生活、劳作,幸福快乐地生活着。

突然有一天,不周山崩裂了,一直支撑着天宇的四根柱子断了,蓝蓝的天空出现了破损,宽阔的大地出现了裂陷,山间发起了滚滚洪水,森林燃起了熊熊大火。旷野里到处是飞鸟野兽,整个世界面临着一场毁灭性的灾难。

女娲目睹人类遭到如此奇祸,感到无比痛苦,于是决心补天,以终止这场灾难。她选用各种各样的五色石子,架起火将它们熔化成浆,用这种石浆将天上的窟窿补好;随后又斩下一只大龟的四脚,当作四根柱子,把倒塌的半边天支了起来。

女娲还擒杀了残害人民的黑龙,刹住了龙蛇的嚣张气焰。最后为了使洪水不再漫流,女娲还收集了大量芦草,把它们烧成灰,堵塞向四处散开的洪流。

经过女娲一番辛劳整治,苍天总算补上了,地填平了,水止住了,龙蛇猛兽敛迹了,人们又重新过上了安乐的生活。

但是这场特大的灾祸还是留下了痕迹:天有些向西北倾斜,因此太阳、月亮和众星辰都很自然地归向西方;地向东南倾斜,所以一切江河都往那里汇流。有时候天空中会出现彩虹,那就是女娲补天所用神石的彩光。

伏羲氏与"八卦"

伏羲氏又叫庖牺氏，相传为中华民族的人文始祖，是华夏太古三皇之天皇，与女娲同被尊为人类始祖。

关于他的出生，有这样一个传说。上古时代，华胥国有个叫"华胥氏"的姑娘，有一天，她到一个叫雷泽的地方去游玩，偶尔看到了一个巨大的脚印，便好奇地踩了一下，于是就有了身孕。她怀孕十二年后生下一个儿子，这个儿子有蛇的身体和人的脑袋，给他取名为伏羲。

伏羲氏有很多发明，他结绳为网，用来捕鸟打猎，并教会了人们渔猎的方法，又发明了瑟，创作了曲子。而他最重要的发明是创造了八卦。

关于伏羲发明八卦的经过，《易·系辞下》是这样记载的："古者包牺氏之王天下也，仰则观象于天，俯则观法于地，观鸟兽之文与地之宜，近取诸身，远取诸物，于是始作八卦，以通神明之德，以类万物之情。"意思是说，伏羲观看日月星辰的变化，了解地面上多种生物的变化规律，察看大自然中鸟兽活动和活动留下的印迹后，受到了深刻的启发，于是仿照自然界各种印迹，创造出了八卦。

伏羲八卦由八种卦画组成，即乾、坤、震、巽（xùn）、坎、离、艮（gèn）、兑，这八个字分别象征天、地、雷、风、水、火、山、泽。伏羲八卦后来被周文王演为六十四卦，之后慢慢形成了影响深远的《易经》学说。

《易经》虽然是一部讲述占卜的书，但是书中也包含了深刻的人生哲理。它是中国传统思想文化中自然哲学与人文实践的理论根源，是古代劳动人民思想、智慧的结晶，被誉为"大道之源"，对中国几千年来的政治、经济、文化等各个领域都产生了极其深远的影响。

从有巢氏到燧人氏

从原始人群到氏族公社初期,人类的生活方式是怎样演变的？我国古代也有许多传说。在这些传说中有一些大人物,他们往往既是首领,又是发明家。这些传说,多半是古人根据对远古时代原始人的生活的想象而创造出来的。

原始人的工具、住所都十分简单,周围又有许多猛兽,原始人随时随地会遭到它们的伤害。后来,他们看到鸟儿在树上做窝,野兽爬不上去,不能伤害它们。于是,原始人就学着鸟儿那样,在树上做起窝来——也就是在树上造一座小屋——这样就安全得多了。后来的人把这叫作"构木为巢"。这到底是谁发明的呢？当然是大家一起摸索出来的。但是在传说中,却把这件事说成是有一个人教大家这样做的,他的名字叫"有巢氏"。

最早的原始人,还不知道利用火,东西都是生吃的,生吃植物果实还不算,就是打来的野兽,也是生吞活剥,连毛带血地吃了。后来,人类才学会了用火(在周口店的北京人遗址上,已发现用火的痕迹,说明那时候已经知道利用火)。

火的现象,自然界早就有了,火山爆发,有火；打雷闪电的时候,树林里也会起火。可是,原始人开始看到火时,不但不会利用,反而怕得要命。后来,他们偶然捡到被火烧死的野兽,拿来一尝,味道挺香。经过多少次的试验,人类渐渐学会用火烧东西吃,并且想法子把火种保存下来,使它常年不灭。

又过了相当长的时期,人们把一种坚硬而尖锐的木头,在另一块硬木头上使劲地钻,钻出火星来；也有的把燧石敲敲打打,敲出火来。这就是说,人类懂得了人工取火。(从考古材料发现,山顶洞人已经懂得人工取火。)这又是谁发明的呢？当然是劳动人民。但是,在传说中,却又说成是由一个人发明的,他叫"燧人氏"。

人工取火是一个了不起的发明。从那个时候起,人们就可以随时吃到烧熟的东西,而且食物的品种也增加了。据说,燧人氏还教人捕鱼。原来像鱼、鳖、蚌、蛤一类东西,生的有腥臊味不能吃,有了取火办法,就可以烧熟来吃了。

这些传说中的大人物,实际上是不存在的。但是,这些活动反映了原始社会生产力的发展,倒是有一定道理的。

神农尝百草

远古的时候,人们靠采摘野果为生。由于对各种植物的习性不了解,人们不知道哪些能吃,哪些不能吃,如果误食一些有毒的果子就会得病,甚至中毒死去,生活得十分艰辛。

传说这时出现了一个勇敢能干的神农氏,他的肚子光亮透明,心肝肠肺都能看得一清二楚。神农氏很想为人们做些事,决心尝遍所有能吃的东西,看看它们在自己肚子里的变化。于是他不辞劳苦走过很多地方,亲自尝过各种野草和野果,有甜的,也有苦的,有些甚至是有毒的。他不但发现了许多可以吃的食物,还发现了许多可以治病的药材。同时他又发现,有些果实落在地上,竟然在第二年生出苗来,到了秋天,又长出了更多果实。神农氏把这个发现告诉了人们,人们在他的带领下大量栽种起来。他们用木头制造出一种耕地的农具,叫作耒耜(lěi sì)。用耒耜来耕地,种植五谷,收获量更大了。人们为了感谢神农氏,就尊奉他为首领。

传说中的神农氏不但是农业之神,还是太阳神,是一个对中华民族有着颇多贡献的传奇人物。传说中,他除了发明农耕技术外,还发明了医术,制定了历法,开创了九井相连的水利灌溉技术等。

黄帝和炎帝

远古的时候,在氏族社会后期,我们的祖先逐渐形成了黄帝部落、炎帝部落和蚩(chī)尤部落三个大部落。黄帝部落和炎帝部落最早居住在西北的陕西省一带。后来,炎帝部落来到山东地区,而黄帝部落定居在现在的河北省涿鹿县附近。

传说黄帝是个很有本领的人,他发明了车、船,制造了一种用机械力量射箭的弓,叫作"弩"。他还叫仓颉(jié)创造了文字,他的妻子嫘(léi)祖则教会人们养蚕抽丝。

黄帝部落在四方征讨,扩大自己的势力,征服中原各族的过程中,与炎帝部落两强相遇,战于阪泉之野,双方开展了三次大规模的战役,最终黄帝部落取得了胜利,炎帝部落败得心服口服,甘愿称臣,发誓从此不再与黄帝部落抗衡。

之后炎帝部落和蚩尤部落为了争夺黄河流域的肥沃土地,发生过一次战争,炎帝部落被打败了。炎帝部落便向黄帝部落求援,炎、黄两部落联合起来,打败了蚩尤部落。于是,蚩尤部落的一部分与炎、黄两部落合并,留在了北方;另一部分向南迁移到湖北、湖南一带,与当地的部落相结合,有学者认为这一部分就是苗族的祖先。

这三大部落互相征战,互相融合,共同开垦着这片广阔的土地,繁衍生息,代代相传。

黄帝战蚩尤

在远古时代，有两大部落首领：黄帝姓公孙，后改姓姬，因号轩辕氏，所以人们又叫他轩辕黄帝，他的部落联盟原来生活在我国西北部；而蚩尤是九黎部落的首领，联盟活动范围在我国东南部。后来，这两个部落联盟都逐步向中原地区推进，加上炎帝部落，三个部落之间不断发生冲突。最后黄帝、炎帝两族联合起来，以黄帝为首，同蚩尤九黎族展开了一场异常激烈的战争，也就是"涿鹿之战"。

传说蚩尤长得凶猛异常，他是人身牛蹄、四目六手，头上生有尖利的角，耳朵旁边的头发直竖起来好像剑戟。他还有81个弟兄，都是铜头铁额、兽身人语。蚩尤与他的81个弟兄率领大军，浩浩荡荡从东方杀向涿鹿（今河北涿鹿县）。

当双方的军队在原野上激战正酣的时候，蚩尤呼风唤雨，吹烟喷雾，一时间漫天遍野的大雾把黄帝和他的军队团团围困，使他们不辨东西南北。黄帝手里挥舞着宝剑，大声地喊道："冲出去呀！冲出去呀！"但是冲杀了半天，还是在白茫茫的大雾的包围中。黄帝有个臣子非常聪明，他运用神奇的本领，很快替黄帝做成"指南车"。靠着这辆车子的指引，黄帝才统率军队冲出大雾的包围。然后黄帝亲自擂起战鼓，指挥将士奋勇冲杀。雷鸣般的鼓声在战场上空轰鸣，吓得蚩尤的兵士魂飞魄散，四散奔逃。

黄帝打了一场大胜仗。蚩尤逃到北方，请来夸父部族帮忙，再与黄帝决一雌雄。但他们毕竟抵不过黄帝的谋略，终究还是失败了。在最后一战中，蚩尤落入黄帝军队的重重包围中，最后被杀掉了。

黄帝打败蚩尤以后，中国历史进入了一个新的时期。黄帝由此成为中华民族的象征。

嫘祖养蚕织衣

嫘祖是黄帝的四个妃子之一。她是养蚕缫（sāo）丝、织绢制衣的创始人，历朝历代都享受"先蚕之祀"。

上古时候，人们冬衣兽皮、夏穿树叶，后来，神农氏教大家种麻，所以人们便以麻织成的粗布做衣裳。自从嫘祖养蚕缫丝、发明衣裳之后，人们的穿着才有了"质"的提高，人们的生活才有了飞跃的进步。

有一天，嫘祖在一株桑树下搭灶烧水。她一边向灶下添柴火，一边观望着桑树上白色的蚕虫在吐丝作茧，越看越出神。忽然，一阵大风吹过，一只蚕茧从桑树上掉了下来，落进了烧沸的水锅里。嫘祖怕弄脏开水，用了一根树枝去打捞蚕茧，谁知捞了几下，蚕茧没有捞起，却捞起一根洁白透明的长丝线，而且越拉越长，拉个不完。嫘祖用一根短树枝将丝线绕了起来，绕成一团。

嫘祖望着这一团洁白的丝线，忽然想起她和姑娘们一起用植物筋织布的情景，就产生了用这种丝线来代替植物筋纺织的念头。她又采了几颗蚕茧绕成丝线，动手一试，果然织成了一块白白的丝绸，向身上一披，又柔软，又漂亮。部落里的姑娘们看了都十分惊喜。嫘祖便开始教她们采集野外桑树上的蚕茧，来抽丝线织绸，慢慢地，她们就自己采桑养蚕，缫丝织绸。

黄帝奖赏了嫘祖，赐给桑林，让她继续教人们养蚕抽丝，织布做衣让人穿，从此翻开了中华民族文明的新篇章。因为嫘祖最早开始采桑养蚕，后来的蚕农们就尊称她为"先蚕神"，又称为"蚕神娘娘"。

精卫填海

传说炎帝有个女儿叫女娃,炎帝非常喜爱她。

女娃长大了非常漂亮,她皮肤白皙,脸蛋红润,头发又黑又亮。她性格开朗活泼,喜欢大自然的美丽景色,经常外出游玩。

一年夏天,女娃一个人在东海的岸边游玩。突然狂风大作,海面掀起了巨浪,汹涌的波涛奔至岸边,猛地一下将女娃卷进了浪涛。女娃就这样离开了人世。

悲痛欲绝的炎帝领人们在海边祭奠女娃。人们一边流着泪,一边向海里抛撒白花和煮熟的米饭。突然,有人发现海里飞出了一只小鸟。

人们看着这只美丽的小鸟,觉得这就是美丽的女娃。女娃乌黑的头发,变成了两绺黑色的羽毛;女娃头上插着的鲜花,变成了斑斓的鸟头;女娃身上的白衣,变成了全身的白羽毛;女娃的两只臂膀,变成了小鸟展开的双翅;女娃的两只红色绣鞋,变成了小鸟的红色爪子;女娃青色的长裤,变成了小鸟的青色细腿。

炎帝也觉得大家说得很有道理,因为他发现小鸟的颈上还挂着一串翡翠玉珠,这是女娃身上的饰物。

这时,小鸟飞到了众人的头顶上方,口中发出"精卫精卫"的叫声,一直在人们的头上盘旋,不肯离去。人们便决定将这只女娃变成的小鸟叫作精卫。

精卫栖息在岸边的发鸠山上,她终日看着无情的大海,望着咆哮的波涛,她怨恨无情的大海毁灭了自己,又想到别人也可能会被夺走生命,就决定要将大海填平。精卫飞翔着、鸣叫着,离开大海,又飞回发鸠山去衔石子和树枝。她衔哪(na),扔哪,成年累月,往复飞翔,从不停息。直到今天,她还在做着这种工作。

精卫锲而不舍的精神,善良的愿望,宏伟的志向,受到人们的尊敬。东晋著名诗人陶渊明在诗中写道:"精卫衔微木,将以填沧海。"热情赞扬了精卫敢于向大海抗争的悲壮的战斗精神。后世人们也常常以"精卫填海"比喻仁人志士所从事的艰巨卓越的事业。

共工怒触不周山

相传黄帝有二十五个儿子，其中获得姓氏的有十四个人，这实际上是有着同一血缘的十四个部落。在黄帝以后的部落联盟首领中，比较著名的有颛顼（zhuān xū），据说他是黄帝的儿子昌意的后裔，居住在帝丘（今河南濮阳县），号"高阳氏"。在颛顼做部落联盟首领的时期，华夏族的活动区域进一步扩大。

彼时有个部落领袖，叫作共工氏。传说他人首蛇身，长着满头的赤发，坐骑是两条龙。他是炎帝后裔水神的儿子，性情暴烈，一直不甘心屈居于颛顼之下称臣，总想抢夺颛顼的宝座。

共工手下有两员大将，一个叫浮游，一个叫相柳。那相柳也是人面蛇身，浑身青色，长着九个脑袋。共工还有一个儿子，本事不大，却有和他父亲一样的野心。共工和他的部下经过一番筹谋之后，就率领浩浩荡荡的队伍，向颛顼发动了突然的进攻。

颛顼对共工的野心早有警惕，立即带兵相迎。这场争斗十分激烈，双方都把自己所有的兵力和智谋使了出来。他们从天上打到地下，直打到西方的不周山脚下。

共工掀起狂波恶浪，用水去攻颛顼一方，颛顼则放出熊熊的神火去烧共工一方。终于，共工一方敌不过颛顼，九头相柳被当场烧死。浮游被烧得焦头烂额，拼死冲出火围，忍痛逃到淮水，一头扎进水里，终因伤势过重死了。他死后还不甘心，化成了一头红熊，后来跑进晋平公的屋子，把晋平公吓得生了一场大病。共工那本来就没有多大本事的儿子在战争中被乱刀砍死了。

共工的人马，死的死，伤的伤。共工眼看胜利无望，只好收拾残兵败将杀出重围，向西北方向逃去。颛顼抱着除恶务尽的念头，命令部队奋力追赶，不杀共工誓不罢休。

共工日夜不停地跑了三天，突然被一座大山挡住了去路。面前的这座山扶摇直上,高耸入云,就是传说中的不周山。前有拦路山,后有追兵到,共工已经精疲力竭,他终于泄气了。

正当共工在山前徘徊之时,颛顼的追兵已到。共工羞忿难忍,血冲头顶,竟一头撞死在不周山下。只听得轰隆隆、哗啦啦一阵响,不周山被撞成两截,倒塌了下来。

不周山倒下引起了强烈的地震,大地的东南部分沉陷下去,从此大川小河的水,昼夜不息地向东方流去。

尧偷了后羿的一支箭

帝喾(kù),是颛顼之后另一位比较著名的部落联盟首领,号"高辛氏",是黄帝的曾孙。后来帝喾娶了陈锋氏的女子庆都。

相传,庆都嫁给帝喾后,有一天,她在河边游玩,忽然狂风大作,一条红色的龙从天而降。庆都回到宫中不久就怀孕了,过了十四个月,尧便出生了。尧相貌堂堂,身高十尺,浓眉大眼,目光炯炯有神。他曾梦见自己是条龙,威风凛凛地盘旋在天上。

帝喾死了以后,尧即位为部落联盟的首领。尧,号"陶唐氏",他将都城设在平阳(今山西临汾)。据说,尧是一个道德品质十分高尚的人,待人和气,"富而不骄,贵而不舒"。他身为一国之君,却吃粗米饭,喝野菜汤,穿粗麻衣,住茅草房,而且每天都兢兢业业地为百姓服务。百姓们看到尧如此勤俭,都纷纷称赞他的高尚品德。

相传那时天上有十个太阳,大地被太阳烤得发白,庄稼晒枯了,河水蒸干了,人们只好躲进山洞,一步也不敢迈出来。有一天,尧做了一个梦,梦中上天为了解救苦难的百姓专门派了一个叫"后羿"的使者来帮助人们。他很高兴,这简直是天大的好消息呀!第二天太阳还没有出现,尧就恭恭敬敬地守在宫门口。不一会儿,从远处走来一个彪形大汉,手上提着一张红色大弓。这张大弓可不是平常的弓，它又长又重，需要三个壮汉才能扛起来。可是，这位大汉不费吹灰之力就举起了弓箭。尧猜想这肯定就是后羿了。

后羿精心挑选了十支细长尖锐的箭，接着凝神静气，慢慢拉开了弓，"嗖——"的一声向其中一个太阳射去，一个火球应声落了下来。大家看见后羿轻轻松松地射落了一个太阳，不禁大声叫好。其余九个太阳见势不妙，急忙逃走。可是后羿的箭射得又快又准，在"嗖——嗖——"的箭声里，太阳一个个落了下来。尧担心后羿一时兴起把十个太阳全部射光，天上没有太阳，地上岂不是又黑又冷？于是他趁后羿不注意的时候偷偷藏起了一支箭。

从此，大地才没有变得冰冷黑暗，也没有了干旱的威胁。

嫦娥奔月

相传古时候，英雄羿娶了个美丽的妻子叫嫦娥。一天，羿到昆仑山访友求道，巧遇由此经过的王母娘娘，便向王母娘娘求得一包不死药。据说服下此药，能即刻升天成仙。然而，羿舍不得扔下妻子，于是将不死药交给嫦娥珍藏。嫦娥将药藏进梳妆台上的百宝匣里，不料被羿的徒弟逢蒙看见了。

三天后，羿率众徒外出狩猎，心怀鬼胎的逢蒙假装生病留了下来。待羿率众人走后不久，逢蒙手持宝剑闯入内宅，威逼嫦娥交出不死药。嫦娥知道自己不是逢蒙的对手，危急之时，她当机立断，取出不死药一口吞了下去。

嫦娥吞下药后，身体立刻飞离地面，向天上飞去。因牵挂丈夫，她便飞落到离人间最近的月亮上成了仙。

羿回来后，侍女们向羿哭诉了一切。羿既惊又怒，拔剑去杀恶徒，逢蒙早逃走了，气得羿捶胸顿足，哇哇大哭。悲痛欲绝的羿，仰望夜空，呼唤爱妻的名字。这时他惊奇地发现，当晚月亮特别圆，特别皎洁明亮，而且上面有个晃动的身影酷似嫦娥。羿忙命人到嫦娥喜爱的后花园摆上香案，摆上嫦娥最爱吃的蜜饯鲜果，遥祭在月宫里的嫦娥。

百姓们闻知嫦娥奔月成仙的消息后，纷纷在月下摆上香案，向善良的嫦娥祈求吉祥平安。从此，中秋节拜月的风俗便在民间传开了。

尧舜禅让

尧在担任部落联盟首领时，待人和气，努力为百姓服务。一年年过去了，尧渐渐老了，他想把部落联盟首领的位子让给别人，自己好度过一个清闲的晚年。

一天，他召集群臣，向大家说出了自己的想法：自己如今已经年老，事事力不从心，大家应该尽快推举一个年轻而又贤明的人来接替自己。

一个叫放齐的大臣建议让尧的儿子丹朱来接替。尧果断地拒绝了，因为他非常了解自己的儿子，丹朱不仅为人暴虐，而且一向不务正业。比如洪水暴发时，举国上下无人不发愁，可是丹朱却对此无动于衷，甚至以在水中泛舟为乐趣，整日乘船东游西荡。

看见还有人想推荐丹朱，尧又解释说，不独亲其亲，不独子其子，选贤举能，讲信修睦，这是历代先帝的美德。丹朱缺点太多，不能担当治理天下的重任。自己也不能背弃先帝们的美德，将天下交给他。从对待儿子丹朱的态度上便可以看出，尧的确是个以大局为重的好君主。

一个叫驩兜的人又推荐了共工。尧觉得共工也不符合做帝王的要求。这时，大家更加惶恐不安，觉得自己的德行更加鄙陋，恐怕自己推荐的人都不能胜任。

尧说："我选人，不在乎他是不是我的亲信、亲戚，不在乎他的出身，而要看他心地是不是仁慈，是不是有真材实料。要是有这样的人，不论他出身多么卑贱、贫穷，我都可以任用他。"

众人一听，茅塞顿开。立刻有人推荐了虞舜。

虞舜是个实实在在的贫民，出身低贱，三十多岁了，到现在还没有结婚。但他勤劳、智慧，很孝敬父母，深孚众望。舜的生母死得早，父亲又是个失明之人，家里的事全靠他撑持。他以种田捕鱼为生，养活父亲、后母和幼弟，很是艰难。但他深明大义，诚恳、简朴、善良、懂礼仪，是一个不可多得的人才。

大家说的是不是真的呢？舜的才能究竟能不能即位呢？尧决定亲自派人去考察虞舜。经过反复思考，尧决定把自己的两个女儿——娥皇和女英嫁给舜，以考验他的治家能力。同时，他还让自己九个不成器的儿子和舜一起生活，以考验他的教化才能。

舜并不知道尧打算把帝位让给他的想法，成亲后，他像对待一般媳妇一样，不因娥皇和女英出身高贵而屈从她们，仍然教她们纺织，要她们孝敬公婆，尽儿媳的责任。

舜的母亲去世较早，他的父亲（名叫瞽叟）又娶了一个心胸狭窄的老婆。这女人生了个傲慢无礼的儿子，叫象。这女人还常常在丈夫面前说舜的坏话，以至父亲也不喜欢舜。

不久，尧的两个女儿便向父亲报告说："舜能恪尽孝道，尊敬父母，对待后母照顾体贴，无微不至，而对于弟弟，他也能宽大为怀。"

尧的9个儿子也来报告说："父王，舜简直就是一个大圣人，他对人总是非常诚恳、谦让，别人家的地和舜家相连的，他总是能互让田界，乡亲们都愿意和他在一起干活。他和许多乡亲在一起捕鱼时，也总是把大的鱼让给人家。他制的陶器总是精益求精，从来没有一件是粗制滥造的。"

尧知道了这一切之后，大喜过望，就奖赏给舜一座粮仓，分给他很多粮食和牛羊。象见舜得到那么多好东西，心生嫉妒，就与父母一起商量，想害死舜，侵吞他的财产。

有一次，瞽叟叫舜去修补粮仓的仓顶。当舜踩着梯子爬上仓顶时，瞽叟竟然把梯子撤了，还在下面放了一把火，想把这个儿子活活烧死。幸亏舜戴了两顶遮太阳用的斗笠。他两手各拿着一顶斗笠，飞快地跳了下来，平安地落在了地上，一点儿事都没有。

瞽叟一计不成，又生一计。几天之后，他又派舜去挖井，等到舜挖得很深时，就用泥土、石块将井填平。可是舜早就料到父亲可能暗害自己，就在井底挖了一条斜道，在父亲、弟弟忙着填井时，舜就从斜道挖开一个出口，逃命去了。

象以为舜这一次肯定难逃一死，就想去霸占两位嫂嫂。他跑到舜的房间，拿起一把瑶琴，高高兴兴地弹奏起来。正在这时，舜回来了。象大吃一惊，只得找了个借口解释。最后舜还是原谅了象。

尧听说了这些事,对舜更加放心了。不久,尧召见了舜,决定让他代行政事。

舜代行政事以后,首先祈告上天,遥祭名山大川和四方神灵,又召见各部首领,重新颁赐信物。

之后,他又驾车巡视各地,协调和订正四季的月数和日数,统一音律和度量衡,实施吉、凶、军、宾、嘉五种礼制,把全国划分为十二个州,还制定了刑法。虽然四处巡视,但是舜仍担心办事有遗漏,担心治理国家仍有过失,于是就在门前设立"敢谏之鼓"和"诽谤之木"等,希望百姓提出意见、建议。

舜代行政事期间,政绩辉煌。尧已将近百岁,经过反复观察,他深信舜完全可以治理好国家,让人民安居乐业,于是把帝位让给了舜。

这就是历史上著名的尧舜禅让的故事。这种在位帝王自愿让位给贤能之人的形式,被人们称为"禅让"。

湘妃竹的由来

舜在年轻的时候,道德修养已很高,名声也很大,帝尧都听说了他的故事,于是把两个女儿娥皇与女英都嫁给了他。

出嫁前,帝尧嘱咐两个女儿,要遵守为妻为妇之道:"男子气性,刚强得多;女子气性,假使也刚起来,那就不好了。夫妇之间不可能事事都能同心协力,遇到这种情况,为妻的总要见机退让。"娥皇和女英听了父亲的教导,都点头应允。

娥皇和女英嫁给舜之后,很识大体,和舜一起过着艰苦而恩爱的生活。

尧死后,舜即位。

舜勤政爱民,为加强中央与地方的联系,他规定各部落首领每五年都要前来京城朝见天子一次。而每五年,他也照例前往全国各地巡狩一次。每次除了有大臣跟随外,娥皇和女英二妃也随行照顾他的起居,十分尽心。

有一年盛夏,南方忽然出现九条孽龙,它们从潇水跑到湘江来戏水作乐,弄得江水暴涨、洪水泛滥。舜知道后决定去南方杀死孽龙,为民除害。

舜带领众人来到洞庭湖,他让娥皇和女英留在洞庭湖中的君山上,自己则佩带宝剑,提起三齿鱼耙,带人向湘江而去。

舜走了一段时间后,忽然有一天,娥皇和女英两人感觉心神不宁,她们担心舜的安危,于是第二天,便急急忙忙收拾行装,到南方寻找丈夫去了。

两姐妹跋山涉水,来到了宁远县苍梧山。她们不断地向人们打听舜的下落,但是人们都不知道。这天,她们遇到了打鱼的渔夫,渔夫告诉她们舜打败了孽龙,自己也牺牲了。但是渔夫并不知道舜的坟墓在哪里,于是姐妹二人继续寻找。她们又遇到了山上的樵夫,樵夫告诉她们帝舜的坟墓就在远方最高的那座山上。

两姐妹朝着樵夫指的方向,爬了一座又一座的大山,找遍了整整九座山峰,都没有丈夫的坟墓。她们大声地呼喊着舜的名字,这呼喊感动了山神,山神把她们领到最高的一座石峰上,只见三块又高又大的石头拔地而起,旁边有一座又高又大的坟墓,墓的周围,翠竹围绕。

娥皇、女英一见丈夫的坟墓,立刻扑倒在地上哭了起来。

两人哭了七天七夜,眼睛哭肿了,嗓子哭哑了,眼泪哭干了,最后,眼睛竟哭出了血来。她们的血泪洒在竹子上,漫山遍野的竹子都成了湘妃竹——竹上斑斑点点,密密麻麻,原来是两位妃子把眼泪一把一把甩上去变的;笋泪竹上黑痕一大颗一大颗,还有清晰的手指印,那是两位妃子在竹竿上抹泪印上的;白泪竹上斑痕雪白雪白,是两位妃子的泪手捏紧竹竿印上的。

娥皇、女英悲痛欲绝,最后死在了那里。她们化成了两座秀丽的山峰,一座叫娥皇峰,一座叫女英峰。

大禹治水

黄河被誉为中华民族的母亲河。中华民族世世代代在黄河流域繁衍生息,在黄河水的滋润哺育下生活着。

相传在四五千年前,黄河流域发生过多次大水灾。洪水滔天,浩渺无际,淹没了广大的原野、茂密的森林和许许多多的村庄,百姓流离失所,被迫逃往高山上或躲入深山岩洞中避难。

尧在位时更是连年降雨,黄河水势猛涨,泛滥成灾。于是,尧任用禹的父亲鲧来治水。鲧办事果断,但刚愎自用。他在临行前胸有成竹地对尧说,治不好洪水甘愿受罚。鲧采用了堵的方法治水,前后费时九年,虽然历经艰辛,但黄河水仍然没被治住。那时尧已经很老了,便将首领之位让给贤明的舜。由于鲧治水不力,给百姓带来深重的灾难,舜便将其免职,流放到羽山。鲧后来死在那里。

百姓的惨状使舜寝食难安,经多方调查了解,他决定任用鲧的儿子禹治理洪水。禹继承了父亲的遗愿,决心平复水患,拯救万民。但他的心情很沉重,他深知此事关系重大。首先,父亲的死无形中给他增加了很大的压力;其次,如果他再治水不力,对于早已无家可归的百姓来讲,无异于雪上加霜。他沉思了很久之后,请来几位有威望的长者,共商治水大事。经过一番激烈的争论,禹一改过去堵的方法,决定用疏导的方法将洪水引走。禹在婚后第四天就告别了妻子,带着契、后稷等助手踏上了漫长艰险的治水之路。

那时人烟稀少,大部分地方都是荒山野岭,禹在所到之处只能边开路边前进,他几乎踏遍了当时整个中国。禹凭借超人的毅力,跋山涉水,在各地勘察、测量、规划,并和人们一起运石伐木、开河挖渠,治水这项宏伟浩大的工程在风霜雨雪中缓慢艰难地进行着。

禹风餐露宿治水十三年,人累瘦了,腰被压弯了,手指甲磨秃了,脚底生了茧子。十三年中他三过家门而不入。据说有一次他从家门前经过,恰逢儿子出世。

儿子啼哭不止，他也没有进去看一眼。和他一起劳动的百姓见了，都十分感动。

禹率领百姓从积石山一路疏通黄河河道。他们走到黄河中游（今山西河津和陕西韩城交界地），发现一座大山挡住了黄河的去路，浩荡的黄河水盘旋回流，将高高的孟门山淹没了。禹当即命人将山劈开一个大大的豁口。被困的黄河水如开闸般吼叫着狂泻而出，水声震耳欲聋，黄河从此畅通无阻。当时禹将此处命名为龙门，人们为追念他的功绩，称龙门为禹门口。

禹顺着水流的方向继续前进，走着走着，发现又有一座大山挡住了水道。禹命人将此山凿开三道门，并分别命名为"神门""鬼门""人门"，也就是今天著名的三门峡。禹的足迹遍布黄河两岸，最终治服了黄河水患。

大禹因为治水有功，在舜死后，被大家一致推选为继承人，做了部落联盟首领。

龙的传人

龙，是中华民族自上古以来一直崇拜的神异动物。在中国传统的习俗中，龙是神灵与权威的象征。龙在中国政治、文学、艺术、习俗及信仰中都有鲜明的印迹，它已然成为华夏民族的标志。

那么，龙为什么会成为中华民族的象征，龙在华夏文明中到底有什么重要意义呢？

首先，我们要弄清龙的"原形"。古代文人骚客对龙有很多描述，其中流传最广的就是：牛头、豕（音 shǐ，猪）鼻、鹿角、马鬣（音 liè，指马颈上的长毛）、蛇躯、鳞身、鳄棘（jí）、鱼尾、鹰爪、鼍（tuó）足，能水中游、云中飞、陆上行；能呼风唤雨，行云播雾，司掌旱涝。

龙是一种图腾，并且是一种虚拟的生物，因为它是由许多不同的图腾糅合成的一种综合体。

在上古时期，龙的文化含义大概有三种：

一是人神通天的助手和坐骑。龙纹是从原龙纹演化而来的。原龙纹虽有多种,但充当沟通天地的媒介和人神通天的助手是诸多原龙纹所共有的、最主要的含义。商鼎上的龙纹就是最富时代特色的通天纹饰。在许多古籍传说中,一些天神人主以龙为坐骑,乘龙往来于天地间。《韩非子》中记载:"昔者,黄帝合鬼神于西泰山之上,驾象车而六蛟龙"。

二是拥有行云布雨的神通。在古人心中,龙一直是天神助手的身份。商代甲骨文中向龙卜问未来天气晴雨状况的内容即是这一观念的反映。这种观念被古人总结为"云从龙,风从虎"。在神话传说中,有条名叫应龙的龙,不仅凭借自己行云布雨、掌握河泽的本事帮助黄帝击败蚩尤,还成为大禹治水的得力先锋。

三是显示吉祥灾变的灵物。在远古的传说中,代神赐福降祸是一些动物的基本功能,作为动物崇拜观念产物的龙也具有显示吉祥与灾变的作用。古人认为,凡统治者的作为顺乎天意,就能带来风调雨顺、社会安定,就会有奇禽异兽出来显示祥瑞。这类奇禽异兽可有多种,其中主要为龙、麟(麒麟)、凤、龟四灵。汉代是动物显示灾祥观念盛行的时代。据载,距泉陵城(在今湖南永州市)七里的湘江水深难测,曾有两条黄龙出现,长十六七丈,大于马,举头顾望,状如画中之龙,当地居民都亲眼看到了。距龙数十步远的地方,又有状如马驹的小龙六条,出水游戏于岸上。人们猜测,这必是六龙子。专家们认为,这一"龙出"事件描述具体而生动,不像是编造出来的,大概是鳄类两栖动物。

由此可见,龙在各类神兽中地位最高,因而自古以来就被人们视为最聪灵的动物,进而被视为华夏民族的象征。

第 2 章　夏、商、西周

公元前 21 世纪至公元前 17 世纪,是中国历史上第一个朝代——夏王朝时期。夏朝的建立标志着中国原始社会基本结束,延续数千年的阶级社会从此开始。夏朝总共传十四代、十七个王,延续近五百年。商朝是继夏朝之后,中国历史上第二个世袭制王朝。自商汤至商纣王,共传十七代、三十一个王,延续五百五十余年。西周从周武王灭商后建立,到周幽王失国,历经近三百年。夏、商、西周时期创造的文明对后世历史的发展有着深远影响。

第一个奴隶制王朝

禹担任部落联盟首领后,进一步发展农业生产。相传,禹曾带着生产工具参加水利工程建设。当时农业生产技术已经有了很大进步,出现了许多发明创造。传说伯益发明了凿井技术,奚仲发明了车,仪狄首创用粮食酿酒的方法。这些发明创造又促进了农业的发展。

在禹统治时期,随着生产力的发展,产品有了剩余,人们学会了酿酒和冶铜,也开始了商品交换,社会上渐渐地有了贫富分化,同时也出现了犯罪。这令禹感到很痛心,他认为这是自己治理不善造成的,于是指示地方官吏对百姓加强教化,避免犯罪的发生。可是随着私有制的出现,人们的观念有了质的变化,他们常常在你抢我夺中发生冲突。禹万般无奈,只好制定《禹刑》,设置监狱以惩治罪犯。

监狱这种机构的产生,需要一部分人从生产中脱离出来,从事看管监狱的工作,而他们的生活又要依靠从事生产的人,于是又出现了征税。

为掠夺财富和奴隶,禹即位后不久,不与其他任何首领商议,便发号施令,调动人马对南方三苗人民发动战争。禹的地位越来越高,他的权力也越来越大。一次,禹召集各部落首领举行涂山大会。大会间,用各部落献出的铜铸成象征九州的九个大鼎,并运回宫中,称为镇国之宝,各部落首领在觐见时还要对九鼎进行膜拜。九鼎显然成了权力的象征。

涂山大会之后,禹又召集各部落首领举行茅山大会。大会开始后,防风氏的首领才慢腾腾地步入会场。禹十分恼火,当即派人将防风氏首领斩首。其他部落首领均吓出一身冷汗,从此对禹俯首帖耳,唯命是从。此时的禹不仅仅是部落首领,实际上已是拥有生杀大权的王了。

禹越来越老,按惯例该选继承人了。大家一致推荐掌管刑法的皋陶。可是不久之后皋陶病死了,大家又推举当年同禹一起治水的伯益。伯益在治水期间吃苦耐劳、献计献策,在百姓中的威望很高。但此时的禹已存有私心,很想让自己的儿子启做继承人。可先人传下的规矩不好破坏,怎么办呢?想来想去,他决定给伯益一个虚名,把实权交给儿子启。久而久之,启在百姓心中渐渐有了威望。

禹死了,伯益为他举行了葬礼。当年禹为舜举行葬礼后,曾将继承人的位置让给舜的儿子,但舜的儿子没有接受。这次,伯益效仿禹的样子,假意将王位让给禹的儿子启。谁知启并没客气,竟堂而皇之地接受并登上了王位。

伯益正在等启来请他即位,未料美梦化成泡影,不禁恼羞成怒,率部攻打启。启早有防备,从容应战,将伯益杀死了。

启这种有违祖规的做法引起了有扈(hù)氏的不满,有扈氏联合其他部落攻打启,同样惨遭失败。伯益和有扈氏的失利,使其他各部落首领都变得驯服了,不敢再有反叛的念头。启的地位得到了进一步巩固,他成了一个名副其实的帝王,历史上称启的即位为"夏禹传子"。中国历史上第一个奴隶制王朝——夏朝建立了。中国自此从原始社会进入了奴隶社会。

当了帝王的启(又称为"夏启")将权力发挥得"淋漓尽致"。他大兴土木,修建王宫。在王宫中,他听音乐、赏歌舞,过着令人羡慕的神仙般的生活。他在享受的同时,没有忘记学父亲禹的样子召开首领大会。他把地点定在钧台,让众首领聚集在他的脚下,其威风之显赫是以往历代首领都无法比拟的。

在宫中待腻了,夏启就带着王公大臣,驾着车,浩浩荡荡去各地巡游。当年尧、舜、禹巡游四方是为了了解民间疾苦,真正为百姓做事。而夏启的巡游却给百姓带来了无尽的苦难。他在所到之处恣意玩乐,尽情搜刮,使得人民苦不堪言。夏启常年不理朝政,渐渐引起众人不满,各地时有叛乱发生。夏王朝统治集团内部也爆发了夏启的五子争夺王位的斗争,其中以小儿子武观的行为最为激烈。夏启派大将彭伯寿统兵平叛。叛乱被镇压下去了,夏王朝却因此元气大伤,其统治力量遭到严重削弱。

太康亡国

启死后,他的长子太康继承了王位。此时的夏王朝可以说是危机四伏,摇摇欲坠了。

太康没见过祖父大禹创业的辛劳,也没见过父亲启灭有扈氏征战的艰苦,从小到大,耳濡目染的只是父亲无休止的巡游、无度的挥霍。所以,他对治国安邦的道理一窍不通,对吃喝玩乐却总是有新花样。他最喜欢的是狩猎。

他狩猎的兴致越来越高,常常一去就是十几天,有时甚至几十天不回都城。

这样一来,本来岌岌可危的夏王朝,就更加危险了。

当时,诸侯国中有一个国家叫有穷国,国君叫后羿,他对太康的荒政十分厌恶,认为取夏而代之的时机到了。而此时的太康,打猎的兴致越来越浓,对朝中的政事不闻不问,当然,更不知道有穷国已经日益强大。

这年秋天,太康和弟弟仲康约好渡过洛水,到北岸的森林里去打猎。兄弟二人于是带着一些侍卫出发了。洛水北岸,山势起伏,森林茂密,水源丰富,所以这里的野兽特别多。

时间一天又一天地过去,他们已记不清出来了多少天,走了有多远。

天气越来越冷,仲康向哥哥提议,应该回去过冬。但是太康还没有玩够。于是,仲康就说，可以另觅一条河，边打猎游玩，边观赏景色。太康觉得这是个好办法，于是两人就这样不急不忙地乘船沿河而下。

当他们来到离京城不远的地方，却看见岸边士兵林立，刀光闪耀，不由得大吃一惊。太康、仲康马上叫人停船，派人过河查明情况。

第二天，探询的人回来禀告说有穷国的后羿率领士兵已将京城占领。

太康听后，气得捶胸顿足，悔恨当初不该一味游猎，荒废国政，但事到如今，后悔也来不及了！他想与后羿抗衡，又有心乏力，只好差人求后羿给他一个容身之处，结果遭到后羿拒绝。太康无奈，只得返回昔日打猎的森林之中。此时的他已毫无打猎的兴趣，在懊悔与沮丧中过起了食不果腹、衣不蔽体的流亡生活，最后死在了荒郊野岭。

少康中兴

太康失国后，族人立其弟仲康，仲康死，其子相立。公元前2002年，夏朝国君相被敌对的寒浞派人杀死。当时相的妃子后缗已经怀有身孕，她从墙洞中爬了出来，逃至娘家有仍氏部落（在今山东济宁东），这才幸免于难，后来生下遗腹子少康。

在有仍国国君和后缗的精心培育下，少康茁壮地成长起来了。他学了很多知识，主要有三个方面：首先，学会做人，做一个懂礼、禁奢的人；其次，习武，并研究作战之法；最后，学习治国安邦的办法。

十几岁时，少康知书达理，才华出众。20岁时，他已成为一个十分英俊的小伙子了。

而寒浞在过了十几年安稳日子后，不知从哪里听说夏朝还没有真正灭亡，相还有一个儿子在有仍国。他当即决定要除掉这个心腹大患。寒浞派使臣带领一班武士，前往有仍国直接要人。

有仍国国君和后缗、少康一起商量对策，少康略略思考了一下，便和外公、母亲研究出了一个应付办法。

寒浞的使臣来了,有仍国国君首先摆了酒宴接待他们。在国宴上,国君向使臣抱怨说,自己的外孙已经长大,整天无所事事,斗鸡走狗,游手好闲,还经常外出不归,惹得自己经常生气。为了约束他,自己便让他挂了个牧正(古官名,主管禽兽畜养)之名,谁知他仍是东游西荡,荒废时日。趁着贵国前来索要,正好把他带到贵国,也免得自己为难。

酒足饭饱之后,国君领着使臣去捉拿少康。不料,当他们来到牧场,那里的人告诉他们,近日少康打猎成癖,最初是早出晚归,后来是三五天回来一次,这次出去,至今未归,算来已有十几天了。估计他可能是葬身虎口了。

有仍国国君听后,破口大骂。而使臣则认为,少康既然是一个比他的先祖太康和启更荒唐的浪荡公子,而且只是个管理牛羊的小官,将来也难成气候。于是,他只带着有仍国国君赠送的礼物回去了。

少康只身逃到了虞国。虞国国君是舜的后代,他也痛恨寒浞的为人,就收留了少康。

少康仪表堂堂,非常懂礼貌,说话很有分寸,虞国国君特别喜欢这个年轻人,就把自己的女儿嫁给了他。

虞国国君见少康做事有方,就给了他一块土地。于是,少康就在这块土地上精心准备他的复国大业。他招贤纳士,四方人都来投奔他。

一天,来了一个叫伯靡的老人。原来,这位老人在夏朝国君相死后,就领着一部分夏的遗民逃离夏都,来到一个小国,在那里隐姓埋名,一过就是几十年。后来,他听说夏有一个后代少康还活着,就特来投奔。

伯靡虽然已经年老,但是他的聪明才智仍在。他和少康一起共谋大事,组织人马,商量着攻打寒浞的行动。

不久之后,时机成熟,少康开始起兵攻打寒浞。

他们的兵马打到了寒浞的城下,城门突然大开,少康和伯靡以为其中有诈,其实这正是寒浞手下的人所为。因为,他们太痛恨寒浞的统治了,一听到少康的兵马打到,就打开城门相迎。伯靡统率的大军很快占领了王宫,他立即下令搜捕寒浞。不一会儿,就抓到了正在和几个宫女寻欢作乐的寒浞。

伯靡抓住寒浞,并杀了他。

在人们的欢呼声中，少康回到了夏都京城，少康复国了。

夏都，本是个水源充足、土地肥沃的富庶之地，只是后羿与寒浞四十多年的横征暴敛，使这里荒废萧条。现在，人们重见天日，无不拍手称快，而且少康爱戴民众，治国有方，俨然有大禹遗风，人们心里更是有说不出的高兴。

在少康的领导下，人民整治家园，恢复生产，不到几年工夫，夏国就复兴起来了。但少康时刻告诫自己，千万不要走先辈的老路。

他努力做好各诸侯国、各部落间的协调工作，还把曾经协助过大禹治水的商人契的后代请出来，继续治理大河。

为了政权的巩固，他早早选定了接班人，让善于领兵打仗、有治国之才的长子予留在身边，而把庶子无余封到江南越地。

为了改善人民流散、田园荒芜、百业萧条的状况，少康还请出了善于经营农事的弃的后代，主管农耕。

在少康的精心治理下，天下安定，百业复兴，间断了四十余年的夏王朝重新立国，政权得到巩固。

历史上将少康统治的二十一年，称为"少康中兴"。

孔甲遇龙

孔甲是启的子孙。他当国王的时候，不理朝政，只是关心鬼神、吃喝、打猎、享受宴乐等等。

他登上王位后，下的第一道诏令，就是让臣民和他一起祷告山川天帝，乞降甘霖。非常凑巧，他即位不久，天就下了一场大雨。大地恢复了生机，庄稼变得欣欣向荣。于是，人们纷纷奔走相告，说孔甲的即位，顺从了天意，所以天降甘霖。人们相信，在孔甲的统治下，夏王朝又将昌盛起来！

对于这种说法，孔甲本人也深信不疑。

他觉得没有上天的保佑，百姓患难；有了上天的保佑，就可以万事放心。今后只要侍奉好神鬼天帝，天下自然就会一片太平。

因而，他非常相信鬼神，而对于大臣们的建议置之不理。他经常带着一队随从到处闲逛，有时玩得兴起，竟然跑到千里之外追捕野兽，几个月都不回京城。

有一天，孔甲又带着一群勇士追逐野兽，跑着跑着面前突然出现一条大河挡住了去路。野兽被困在那里，急得在河边乱窜乱跳。

孔甲高兴极了，连忙命令勇士放箭，野兽被逼得走投无路，有几只只好往河里跳。这时，河里突然浪涛翻涌，从白浪里竟然蹿出来两只怪兽。

人们从来没有见过这种怪物，都被吓得魂飞魄散，撒腿就跑。孔甲也急忙往山冈上爬去。

两只怪兽却慢悠悠爬上了岸，没有追逐他们，只是在沙滩上躺下，晒起了太阳。

人们看着这情形，渐渐胆大起来，有一个亲近的侍臣对孔甲说："大王，这怪兽应该就是传说中的龙。今日出现，一定是上天对大王的垂爱！"

孔甲一听，立刻心花怒放，他命令手下将怪兽抓住，带回都城，让群臣和诸侯们也开开眼界。

其实，这根本不是什么龙，只不过是鳄鱼之类的动物。只是这种动物形体奇特，又比较少见，所以人们就误以为是传说中的龙了。

孔甲先派人截住河岸，然后几百人围成一圈，悄悄包抄上去，拼死向"龙"扑了上去。两条"龙"被吓了一跳，硕大的尾巴一扫，几个士兵便立刻倒在了地上。士兵们吓得纷纷后退，可是孔甲并不死心，他想这两条"龙"的出现定是天帝的安排，这"龙"非捉住不可。士兵们重新围了上去，他们用石头、木棒，砸向"龙"身上的要害。两条"龙"被困在沙滩上，行动极为不便，最终被人们擒住。

孔甲带回两条"龙"的事，立刻惊动了全城。可是怎么驯养这两条"龙"呢？

一个侍臣向孔甲推荐了自己名叫刘累的朋友，说他曾经向豢（huàn）龙氏学过驯龙，而豢龙氏的祖先就曾经给帝舜养过龙。孔甲听了非常高兴，忙差人去把刘累请来。

这几天，两条"龙"水土不服，滴水不进，已经气息奄奄，快要死了。而那刘累家住黄河岸边，自幼以捕捞为业，熟知鱼虾这类动物的习性，对水中的奇鱼怪兽也见过不少。

他一看到那两条"龙"，心中觉得好笑。因为这种怪物，他过去也曾打捞过，还好奇地养过一段时间，宰杀过几条，这怪物的肉吃起来很鲜美。他用了一些办法，让这两条"龙"每日肯吃肯喝。一个多月后，"龙"居然能够将身子扭来扭去，似乎还通了些人性。

孔甲特别高兴，赏给刘累不少奴隶和金钱，还赐他为"御龙氏"。他叮嘱刘累，把"龙"养壮了，就进行训练，以便让他早日乘坐龙车，云游四方。

这下可难坏了刘累，他只会养"龙"，却不会驾驭驱使"龙"啊！他试了一个月，可这两条"龙"就是不会驾车。

孔甲对乘龙巡游一直念念不忘，三番五次派人来催问，弄得刘累十分为难。刘累心里很急，只得每日将"龙"套在车辕上，死拉硬扯胡折腾。一段时间后，两条"龙"非但拉不了车，其中一条"龙"还死了。

正在这时，孔甲又派人前来查问，刘累便到孔甲跟前去解释。他告诉孔甲神龙马上要驯好，但是它们驾起车来，风驰电掣，身体虚弱的人不能乘坐，请大王通过自己的祖传妙方，先好好地滋补一下身子。另外，神"龙"练习驾驭，最忌凡人观看，最近几天，最好不要派人来查问。

孔甲一听乘龙车有了希望，便答应了刘累提出的全部要求，并且又给了刘累一笔赏赐。

接下来几天，刘累每天给孔甲送去一盘肉。孔甲尝了尝，果然好吃，也不问是什么肉，一口气就吃掉了大半盆。

几天后，孔甲向刘累询问两条龙的训练结果。刘累张口结舌，半天说不出一句话来。回到住处，越想越觉得无法应付这份差事，他便留下一封信，说明了真实情况，悄悄逃出了京城。

天亮了，孔甲还一心想着那美味，便亲自到刘累住处去询问。到了御"龙"处发现御"龙"的池中只有一条"龙"了，孔甲心里想：难道刘累已经乘"龙"而去了？这时有人将刘累留下的信送了上来，孔甲看完长叹一声，自己再也坐不上龙车了！

暴君桀

孔甲之后,夏朝的吏治日益腐败,内乱不止,国势日衰。就这样,夏朝的江山颠颠簸簸,延续了一段时间,到了夏朝第十七代王履癸(guǐ)的时候,已经摇摇欲坠。这履癸就是夏朝的最后一个国君桀(jié)。

夏桀是历史上赫赫有名的暴君。他的长相粗野无比,身材魁梧,膀大腰圆,力气大得能把牛角拗断,能把铁钩扳直,能把高墙推倒,他甚至能赤手空拳地将虎豹打倒。

桀才智不凡,极其聪明,只可惜他的心思并没有放在国家大事上,而是全部用到了吃喝玩乐上。他还非常喜欢女色,特意派大臣在全国挑选了很多美女。这些美女选来之后,桀是来者不拒,全部留下供他享用。

诸侯们非常了解这位大王的喜好,所以经常送些美女来。相应地,桀也总会给他们封官许愿作为回报。久而久之,一些周围的小国家也常常会弄些美酒美女来搪塞自己的过失。

有一次,桀攻打有施国,眼看着胜利在望。这时,有施国一个大臣想出了一个好办法,他向国王提议给桀送一个美女,桀一高兴,或许可以退兵。

有施国国王觉得很有道理,于是将自己国内最漂亮的女人妹(mò)喜献给桀。桀一看妹喜,真是长得太漂亮了,简直像天上的仙女一样。于是他立即带着妹喜,率领着将士们回家,打仗的事早已忘到九霄云外了。

回到国内,桀立刻把妹喜封为了王后。从此整天和她厮混在一起,对她是百般宠爱。他还招来国内最优秀的工匠,专门为妹喜建造了一座宫殿。这座宫殿是当时都城内最高、最豪华的建筑,高耸入云,似乎要倒下来,人们就给它起了个奇怪的名字,叫倾宫。

倾宫的内部装潢富丽无比,白玉雕成楼栏,锦绣铺在地上,象牙镶嵌在走廊里。他和妹喜整日在倾宫内嬉戏游乐,即使大臣们要进宫来报告事情,也全都被挡在宫外。

为了讨妹喜的欢心，桀还别出心裁，在倾宫的边上挖了一条河，河里全部注满了酒，叫作酒池。在酒池的旁边，桀又叫人垒了一座山。这座山可不是用平常的土石垒成的，它完全是靠人肉和兽肉堆积而成的。每天，他和妹喜驾着小船，荡漾在酒池之中，欣赏两边的肉山肉色，听周围的丝竹管弦，真是自在无比。

一天，桀正与妹喜正在倾宫上欣赏歌舞，突然鸡鸣狗吠，天空传来一声闷雷，倾宫晃动起来，桌上的杯盘乒乓乱响，几个靠着栏杆的侍女竟被抛到了宫下肉山上。桀和妹喜也觉得天旋地转，不能站立。原来这是一次地震！

一阵地动山摇之后，城中民舍倒塌，尘土飞扬，四野里裂开道道缝隙，酒池中的酒也已经流出。

有大臣前来向桀禀告，城中房倒屋塌，死伤百姓无数。老人孩子流落街头，衣食无着，亟（音 jí，急迫地）待救济。有人传言说大王营造倾宫，劳民伤财，这才引起天帝发怒，晃动大地。

桀听了大怒，大声呵斥道："大地晃动，没关系，只要天上的太阳不陨落，我就不会灭亡。"

另一个大臣说："百姓们也把大王当太阳，可是他们却指着太阳说，宁愿与你同归于尽！常言道，民安则乐其生，不安则轻其死，民不畏死，必铤而走险，而百姓走险，则天下势必大乱。如今天灾连年，百姓流离。只怕今后我们还会遇到更大的灾难。"

桀气得脸色发青，咆哮道："我看你真是胆大包天，竟敢谎报民情，蛊（gǔ）惑人心，诅咒我大夏朝早日灭亡！"

大臣连忙解释说自己是出于一片好心劝谏大王，因为自己不忍目睹夏朝的灭亡。

桀冷笑道："即使有朝一日天将亡我，也不能让你这样的人目睹。"接着他命人把大臣的眼睛挖去，丢弃在了肉山之上。

看看大臣的尸体，再看看天空中的炎炎烈日，桀自信亡国之说纯属妄谈。

此时的夏桀还不知道，即将埋葬他和他的王朝的人，已经在东方的商国兴起。

商的兴起

当夏朝走向衰败时,黄河下游的商国逐渐强大起来。商的国君汤团结周围的小国和部落,起兵攻夏。约在公元前1600年,汤战胜夏桀,夏朝灭亡,商朝建立。

那么商是如何兴起的呢?

这要从简狄吞鸟蛋后生下契讲起。契,便是商的第一代祖先。

简狄据说住在今山西省永济市附近,一天她出去洗澡时,头顶忽然飞过来一只口中衔蛋的玄鸟。简狄抬头看着这只玄鸟,没有料到,玄鸟口中的那只蛋竟然正好落在了简狄张开的口中。

简狄接住这只蛋一看,蛋看起来光溜圆滑,十分可爱,不大不小,正好可以含在口里,于是她就把蛋放在了嘴里。

一个女伴看见她把蛋放进了嘴里,吓得大叫了一声。简狄受到惊吓,慌忙之中,竟然不小心把燕子蛋吞进了肚里。

让人没有想到的是,简狄吞下蛋之后,竟然有了身孕。十个月过后,她生了一个又白又胖的男孩。这个小男孩就是契——商族的祖先。因此,商族人十分崇拜玄鸟,并将玄鸟作为氏族的图腾。

契是很有作为的氏族领袖,把商族治理得井井有条。为了谋求更大的发展,他们逐步东迁,来到了黄河的中下游一带。

契的后辈一直秉承祖先的治理经验,勤政爱民,相继出现了相土、冥等有名的领袖,而商族也日益强盛。

汤是契的第十四世子孙。汤和夏王朝的桀是同时代的人,当时商仍是夏桀的附属国。但是商氏族传到汤时,力量已经比较强大了。

这时的夏桀王朝,已经是矛盾重重,危机四伏了。特别是在夏桀的残暴统治下,百姓一直生活在水深火热之中。

与夏桀相反,汤为了治理好国家,早起晚睡,非常勤奋。他把自己的聪明才智都用到了治理国家上面。

他想尽办法减轻人民的赋税,让大家多留些财物,好过上比较宽裕的生活。他同情穷人,广施德惠,拿国库里的财物赈济人民。有百姓去世,他亲自去吊唁;有百姓生病,他亲自去看望,并为他们熬汤喂药。因此,商民都十分爱戴汤,汤所发布的各种政令也畅行无阻。

商汤注重手工业的发展。夏代的青铜冶铸技术,传到商地后得到了很大发展。当时,商的青铜铸造作坊规模已经相当大,有的作坊多达几百人、上千人。青铜器的种类也很多,工具有斧、凿、铲、镰、锄、刀等;兵器有戈、矛、戟(jǐ)和镞等。青铜器的发展不但有利于促进农业生产,同时也有利于提高军队的战斗力。商汤渐渐强大了起来。

商汤的强大引起了夏桀的注意,夏桀就找了个理由囚禁了商汤,后来有一个大臣出主意,把商汤救了回来。

夏朝的覆亡

汤的志向是灭了夏桀,伊尹(商朝名相)告诉汤,要想完成这一宏愿,不是一朝一夕的事情,需要从长计议。要慢慢壮大自己的力量,慢慢拖垮夏桀,动摇他在各诸侯心目中的地位。

在商和夏之间,还有许多诸侯国,它们的立场将是决定谁胜谁负的关键。而现在,夏为正统,恐怕听从夏桀的人会占大多数。这时,如果贸然出兵,只会打败仗,最好的办法是先削弱夏。首先要攻打的是韦国,它是夏桀的最大帮凶。它自恃是夏桀的同盟国,根本不把周围小国放在眼里,对周围各国称王称霸;对内对百姓进行压榨,收取高额的赋税,人民已经缺吃少穿,生活极端困难。所以首先攻打它。

于是,商汤率领大军攻到了韦国的城下。

韦国国君本来就不得民心,战争爆发后,夏桀也没有来帮忙,韦国很快就被灭掉了。

夏桀震怒，正想出兵干涉，这时商汤派人送来贡赋，而且比往日丰厚。使者向夏桀解释说，韦国国君无道，弄得民不聊生，商汤替大王教训了他。夏桀见韦国已灭，商汤又送来笑脸，就不予追究了。

商汤一方面稳住了夏桀，一方面又向韦国运送了大量的粮食，救济那些濒临死亡的百姓，让他们好好耕种田地。这么一来，非但收拢了原来韦国的民心，而且使其他一些小国也纷纷归附。

商汤又用同样的办法打败了顾国。接着，商汤的进攻目标是昆吾国。正要出兵时，伊尹又献了一条妙计：停止向夏朝缴纳贡赋，然后再……

停止缴纳赋税的事果然激怒了夏桀，他立即下令，要昆吾、九夷出兵攻打商汤，替他兴师问罪。昆吾、九夷正担心商汤的威胁，现在大王命令他们联合出兵，他们都异常积极，立即整军备马，向商汤进兵。

谁知，行军途中，夏桀却又派人传来急令，要他们罢兵回国。原来，商汤听了伊尹的话，先停止缴纳赋税，等昆吾、九夷进兵后，又派人日夜兼程，向夏桀送了双倍的贡赋。夏桀一看，满意极了，心想自己发兵商汤真是没有来由，汤还是很尊敬自己的。于是，他心安理得地收了贡赋，急令昆吾、九夷退兵。

这样一来，夏桀在九夷诸国中的威信全失，几个小诸侯国相互约定，今后再也不听夏桀的调遣了。但是，昆吾国仍死心塌地地听命于夏桀。

第二年秋收以后，伊尹建议商汤今年不送贡赋，将备好的粮食草料全收藏在仓库里。夏桀一直等到秋凉，也没见到商汤今年的贡赋，他便派出使者去催问商汤。

可是，使者在商国都城等了三天，也不见商汤召见他。他正生气的时候，伊尹派人告诉他还要再等几天才能见到国君。夏桀听了使者的回禀，勃然大怒，又向昆吾、九夷发出讨伐商汤的命令。

到了这时候，九夷已经不愿再出兵，只有昆吾国国君率领士兵出发了。商汤亲自领着人马消灭了昆吾国，然后，率领已经听命于自己的诸侯国发出了讨伐夏王朝的誓言。

商汤的大军浩浩荡荡向夏朝的京城杀去。可是，夏桀还以为自己胜券在握，一心饮酒作乐。他没有等到胜利的消息，却等来了商汤的大军。

两军交战,夏军大败而逃,夏桀陈兵鸣条之野以拒商汤大军。鸣条之战,夏桀败走南巢,汤的大军也追到那里,最后将桀生擒。汤并没有杀了桀,而是把他囚禁在南巢。不到三年,桀就死在了这个地方。

汤在消灭了夏桀,推翻了夏朝统治之后,定都于亳(音 bó,在今河南商丘),建立了商王朝。中国历史从此进入了商王朝统治时期。

从奴隶到宰相

伊尹,名挚,原是奴隶,在厨房里干活。为了让商汤知道自己是个有本领的人,伊尹就找机会接近商汤。他用做菜打比方,对商汤说:"做菜不能太咸,也不能太淡,只有把作料放得恰到好处,菜吃起来才有味道。治理国家也是如此,既不能操之过急,也不能松弛懈怠,只有恰到好处,才能把事情办好。"这一番话果然说动了商汤,商汤发现这个奴隶是个人才,进而去除了伊尹的奴隶身份,任其为右相。自此,伊尹帮助商汤筹划进攻夏朝的大计。商汤灭了夏朝,建立了商朝,伊尹可谓功劳显赫。

商朝建立初期,伊尹帮助商汤制定各种典章,规定官吏一定要勤勤恳恳地工作,要做出显著的成绩,否则要受到严厉的责罚,甚至要被罚为奴隶。因此,商朝初期,官吏均不敢胡作非为,当时政治稳定,经济繁荣。商汤去世后,伊尹又辅佐外丙、中壬两位君主,帮助他们改正错误,管理国家。

商汤的孙子太甲即位时,伊尹一连写了三篇文章,教他怎样做一个好的君主。然而,太甲在即位后的第三年就忘乎所以了,他认为自己身为一国之君,所有人都应服从于他。他任性、跋扈,以暴虐的手段压迫百姓。

伊尹见此情形,先是一再规劝,提醒太甲应对自己的行为多加约束,后见太甲毫无收敛之意,遂将他放逐到商汤坟墓所在地——桐宫,要他早晚面对祖父商汤的坟墓,聆听守墓老人讲述商汤创业的历史以及商汤定下的法律制度,教育太甲应以自己的祖父为榜样,勤俭为本,不要败了家业、国业。太甲渐渐地意识到自己过去的所作所为甚为不妥。于是,他首先在桐宫的范围内关心老弱孤寡,尽自己所能帮助他们。应当做的事情,他立刻去做;不应当做的事情,不仅自己不做,看到别人做也立刻加以制止。

三年过去了,伊尹当初的决定终于使这个年轻的君主悔过自新了。于是,伊尹亲自带领文武大臣将太甲接回首都亳城,并郑重地将政权交给他。从此,太甲兢兢业业,把天下治理得井井有条,使商朝日益繁荣起来。

盘庚迁殷

汤建立商朝的时候,国都在亳。在以后的几百年当中,都城一共迁徙了五次,这是因为王族内部经常因争夺王位发生内乱,再加上黄河下游常常闹水灾,有一次发大水,把都城全淹了,所以不得不迁都。

商朝最后一次迁都是在盘庚统治时期。盘庚是个能干的君主,他经过多方筹划,觉得只有迁都才是解决各种矛盾的最佳途径,于是他决定将国都从奄(今山东曲阜)迁至殷(今河南安阳市小屯村)。盘庚认为将国都迁往荒凉的殷有许多好处:首先,殷地土地肥沃,自然环境比较好,可以避开奄地频繁发生的水旱灾害,有利于农牧业生产;其次,殷地尚未开发,在那里建都,一切须从头做起,奴隶主们无法过分享受,阶级矛盾得到缓和;最后,有利于避开叛乱势力的攻击,有利于都城的安全和政治的稳定。

迁都的决定公布之后,社会一片哗然,反对者主要是奴隶主贵族,他们留恋在奄的奢侈生活,纷纷反对迁都的决定。有的贵族甚至威胁盘庚说:"你是我们拥立的,我们也可以罢黜你。"盘庚是个强有力的统治者,他决不因有人反对而改变自己的决定。他向奴隶主们和百姓宣读了自己撰写的《盘庚》上、中两篇,告诫他们要和他同心同德。同时,盘庚也以强硬的口气警告那些煽动闹事的奴隶主,要老老实实地服从命令,否则将予以严惩。

在盘庚的胁迫下,奴隶主贵族被迫服从盘庚的命令,随同盘庚迁都到了殷。

初到殷时,四处荒凉,杂草丛生,生活艰难,大家都不习惯。于是,一些奴隶主贵族便趁机发难,鼓动大家迁回老家去。盘庚又召集奴隶主,宣读了《盘庚》下篇,以更加强硬的语气再次警告那些奴隶主,又一次将奴隶主们的反对之声压制了下去。经过数年的反复斗争,随着新国都的兴建,局面才最终稳定下来。

盘庚迁殷之后,强行推行商汤时确立的德政,加强统治。这样,迁都后的商在政治方面出现了较为稳定的局面,社会经济和文化也得到了较大的发展。

盘庚十分重视农业生产,除本人亲自视察农田劳作外,他还经常命令大臣和奴隶主们监督农耕。当时的农作物稷、黍、稻、麦等已被广泛栽培,耕田时采用合力耕种以及火耕,并已使用粪肥肥田。农业的发展使农产品有了较多的剩余,商王命令将收割后的粮食放入仓库中贮存,以备灾年食用。

农作物的再生产品主要是酒类,当时上至王公大臣,下至平民百姓,嗜酒成风。酿酒业的迅速发展,也反映了当时农业的发达程度。

园艺和蚕桑业在盘庚迁殷后也有了较大的发展。殷地处黄河中下游地区,气候温和,雨量丰沛,适合广泛种植桑树。奴隶们采集桑叶,饲养家蚕,抽出蚕丝,使用陶制纺轮织成精美的丝、帛,供奴隶主贵族们穿戴。

盘庚迁殷之后,青铜器的制造也步入了一个光辉灿烂的时代。当时青铜作坊规模之大,冶炼青铜技术之高超,产品制作之精美,种类之复杂繁多,制造水平之纯熟,都十分令人惊叹。

盘庚迁殷之后,驱使成千上万的奴隶日夜赶修新国都。不久,一座规模宏大,占地广阔的都城拔地而起。新国都中王宫部分为城市的核心,它拥有 50 多座宫殿。都城外围有人工挖成的壕沟,形成一条保护都城的水域屏障。王宫外是居住区和手工作坊,供平民和工匠们生活和劳作。在盘庚的严厉督促和广大奴隶和平民的艰辛努力之下,殷迅速成为一座十分繁荣的都市。

盘庚迁殷,使得社会矛盾趋于缓和,社会经济获得了较大发展,商王朝一度复兴。在此后的 200 多年间,商朝不再迁徙国都,所以商朝又被称作"殷商"或者"殷朝"。从那时候起,经过 3000 多年的漫长岁月,商朝的国都早已变为废墟了。到了近代,人们在河南安阳市小屯村一带发掘出大量古代的遗物,还发现了大量的甲骨文,经研究证明那里曾经是商朝国都,于是就称这一带区域为"殷墟"。

傅说的故事

商朝后期,商王小乙统治时期国势渐渐衰弱。小乙驾崩后,他的儿子武丁即位。武丁一直想复兴殷商,但是,缺少能辅佐自己的贤相。他思来想去,满朝的文武百官中竟没有一个人能担当这样的大任,不由得郁郁寡欢。

一天夜里,武丁做了一个梦,梦见天帝给他带来了一位相貌堂堂的贤人,并说道:"这是我赐给你的贤相。他姓傅,名说(yuè)。你可要看个仔细,牢牢记住他的相貌。"武丁赶紧向天帝跪谢,并牢牢记住了傅说的相貌。武丁醒来,急忙召来画师,向画师描述梦中贤人的相貌,让画师画了下来。

第二天,武丁上朝,遍视朝中百官,没有一个人和梦中贤人相像,知道贤人不在朝内。于是,武丁传命画师将傅说的画像画了数十张,一部分贴在都城的各城门口,按图求贤;另一部分画像让使者带往各地,按图寻访。

在北海州的傅岩(今山西平陆东),确实住着一个名叫说的人,他以所在的地名为姓,所以叫傅说。他博学多才,心忧国事,但生活清贫,有时候甚至连饭也吃不上。

当时,傅岩附近的大道经常被河水冲坏,官府会调派一批服劳役的囚徒来修堤筑路。修路是一件很苦的事,囚徒们有的加固路基,有的平整路面,有的在河边筑堤。筑堤时要竖起两块大木板,中间填满泥土,用石杵把泥土夯结实,使它成为一堵泥墙,这项工作被称为"版筑"。

那时候,囚徒做劳工是可以出钱雇人顶替的。因此,一些富裕的囚徒经受不住繁重苦役的煎熬,就雇人顶替。傅说当时家境十分贫苦,为了一日三餐,就受人雇用,夹杂在囚徒中"版筑",每天都干得汗流浃背,浑身沾满泥巴。

过了一段时间,朝廷派出的使者来到了傅岩,看到劳工中有一个人很像画像上的傅说,就赶快跑到傅说面前,展开画像比照。他发现傅说跟画像上的人一模一样,吃惊地问:"你是不是叫傅说?"傅说说:"是,我是叫傅说,你怎么会知道我的名字呢？"使者如实讲了武丁梦见贤相的事，说傅说就是武丁梦中之人，随即把他迎进了京城。

听说找到了梦中的贤臣，武丁高兴极了，连忙召见。他仔细一瞧，果真和自己梦见的贤臣一模一样，而且名字也确实叫傅说。再一问，发现傅说学识渊博，又懂治国之道，更为高兴，立即任命傅说为宰相，辅佐国政。傅说做了宰相后，帮助武丁改革弊政，革新政治，使殷商又逐渐强盛了起来，历史上号称"武丁中兴"。

后来，"傅说版筑"这一典故被用来形容有才能的贤士隐居在山野。"版筑士"也被用来称呼做过苦役而有才德的人。

中国历史上的第一女将军妇好

妇好，商朝国王武丁的妻子，生活于公元前12世纪前半叶（也就是武丁重整商王朝时期），是我国最早的女政治家和军事家，中国历史上第一位有据可查的女英雄。妇好并不姓妇，她的父姓是一个"亚"形中画"咒"（sì）形的标志。当她嫁给武丁成为王妻之后，武丁给了她大片的封土和大量的士民。在她的封地上，她得到了"好"的氏名，人们尊称其为"妇好"，或者"后妇好"。

商朝高宗武丁前后立过三个王后，妇好是他的原配。不过武丁有六十多个妻子，妇好只是其中之一，后来妇好生了祖己引。

商朝的武功以商高宗武丁时代最盛。武丁通过一连串战争将商朝的版图扩大了数倍，而为武丁带兵东征西讨的大将中就有王后妇好。甲骨文记载，有一年夏天，北方边境发生战争，双方相持不下，妇好自告奋勇，要求率兵前往，武丁犹豫不决，占卜后才决定派妇好出兵，结果大胜。此后，武丁让她担任统帅。从此她东征西讨，打败了周围二十多个方国（独立的小国）。那时作战，出动的人数一般都不多，也就上千人，和大规模械斗（双方聚众持械殴斗）差不多，但是根据记载妇好攻打羌方的时候一次带兵就有一万多人，也就是说武丁将都城十分之一的兵力都交给她了。

妇好不但能带兵打仗,而且还是国家的主要祭司,经常受命主持祭天、祭先祖、祭神泉等各类祭典,又任占卜之官。商朝是个迷信鬼神的国家,所谓"国之大事,在祀与戎"。妇好又会打仗,又拥有了祭祀与占卜的权力,可能连武丁都要怕她三分。

妇好并不和武丁住在一起,而是经常待在自己的封地里。这种现象在后来的中国历史上再也没有出现过,不过在当时这似乎是个普遍现象。武丁的妻妾兼女将,除了妇好还有好几个,有名字记载的还有一位妇邢,地位仅次于妇好,也曾多次率师远征,同时为武丁管理农业和内政。她被封在井方(今河北邢台)。

妇好墓在今河南安阳。有关妇好的生卒年代和死因,各种资料中都语焉不详。有一种资料说妇好死于公元前1248年,但是死因不明。因为那时作战时,妇好虽然贵为主将,恐怕也要上阵。在作战中阵亡,或负伤后回到安阳创发而死也未可知。妇好墓出土的数件武器中有一把龙纹大铜钺和一把虎纹铜钺。因为上面刻有"妇好"字样,所以断定是其生前曾使用过的武器。这两件武器一件重8.5千克,另一件重9千克。妇好使用如此重的兵器,可见其武艺超群,力大过人。妇好之后的中国女将,就再也没有使用大斧的了。

妇好去世后武丁悲痛不已,追谥"辛",商朝的后人们尊称她为"母辛""后母辛"。

武乙射天神

武乙是商王庚丁之子,商朝第二十八任君主。他为人骄横、狂妄,从来不知道惧怕,即使是王公大臣、黎民百姓无比畏惧的天神,他也敢踩在脚下,藐视一番。加之武乙在登基之初,曾经打了几次大胜仗,拓宽了疆域,所以他便认为自己天下无敌,功绩已经超过了他的先王先祖,更加目空一切,整日只知道狂饮滥醉,不理朝政。

武乙的妻子——王后戊是个非常贤惠的妇人,看着丈夫整天醉生梦死,殷商的百姓遭殃，便劝道："大王执掌政权以来，英勇无比，武压群雄，威服四方，确实值得庆贺。但是，文治武功像一个人的两只手，缺一不可。您应该在文治上下些功夫，否则将会触怒天神的。"

"什么？触怒天神？天神算什么东西，我一点儿也不怕！他遇到了弓箭长矛，还不是要望风而逃。"

王后戊一听，大惊失色："大王，请千万不要这么说，触怒了天神，是要遭受惩罚的。"

武乙哈哈一笑，拉着王后戊就往殿外跑，一直跑到庙堂里。

庙堂里供着木雕的天神，王后戊一见到木雕天神，就赶紧跪下磕头，虔诚无比。

但是，还没等王后戊磕完，武乙一把把她拉了起来，说道："你先不要拜，我要和天神比比下棋，让你看看是天神厉害还是我厉害。"

他命令一个大臣坐在棋的一方，又命令两个武士把木雕天神抬下供台，放在大臣身侧，自己则坐在棋的另一方。武乙告诉大臣："现在你就是天神，与我对弈。你如果赢了，就是天神赢了；你如果输了，就是天神输了。"

他又望望王后戊，让她当公证人。

那大臣的棋艺比武乙高超多了，但是武乙一贯喜怒无常，大臣怎么敢赢大王的棋呢？

所以，时间一点一滴地过去，大臣步步退让，到最后，大臣只好认输。

武乙告诉大臣："不是他输了，而是天神输了。既然输了，就要认罚。"

于是，武乙从卫士身上解下腰带，试了试，就像一根皮鞭，他决定罚大臣三十鞭。

大臣一听，三十鞭，心里十分害怕。

"嗖嗖——"的声音响起来，大臣吓得浑身一颤。但是，他却没有感到疼痛。

原来武乙正用腰带抽打木雕天神，直到三十鞭结束，方才住手。

武乙叫人缝制了一个大皮囊，把木雕天神放进去，然后在大皮囊里灌满了黑红的牛血，又叫人把兽皮囊高高地吊到树上，代表天神。他命令王公大臣们聚集在庙堂前。

等他们都来齐了，武乙手持弓箭对众人说："树上挂的是天神。自古以来，天神左右着朝政,专门给人间制造灾害,让我们受尽苦楚。今天我要当着你们的面,向天神宣战!"

话音刚落,他便张弓搭箭,对准皮囊拉开了弓弦。"嗖"的一声,利箭射破皮囊,牛血从箭洞中喷出,洒了一地。

大臣和王公吓得立刻跪倒在地,心中不住地默念着,希望天神不要怪罪大王的无礼。

可武乙狂呼道:"哈哈,天神被我射死啦!天神被我射死啦!"

大臣们没有人敢上前劝说一句。因为他们都知道,这时候扫大王的兴,只会受大王惩罚,甚至会没命。

只有王后戊一再忠告武乙,却被武乙打入了冷宫。即使她的儿子文丁求情,也没有用。

后母戊鼎的来历

后母戊鼎是目前已发现的中国古代形体最大、分量最重的青铜器,世界上仅此一件。它是商代晚期的青铜器,现藏于中国国家博物馆。

1939年,后母戊鼎于河南省安阳市殷墟商代晚期墓出土。方鼎带耳高133厘米,长约112厘米,口宽约79.2厘米,重达832.84千克,鼎上有铭文,被解读为"后母戊"。

通过研究墓中其他文物,人们发现这处墓址是武乙之子文丁即位后替他母亲王后戊修建的坟墓。这个大方鼎是文丁为母亲特制的,所以后世称这个大方鼎为"后母戊鼎"。

在上一个故事中,武乙把王后戊送进冷宫后,仍然不知悔改,整日花天酒地,目空一切。

王后戊想不到自己的一片忠心,竟会落到这样的下场。此刻,她已完全失去了自由,心情无比苦闷。幸好儿子文丁时常来探望她、劝解她、安慰她。

文丁是个很明事理的青年,所以王后戊总是要他好好留心国事,将来即位后,一定要好好整顿朝纲,按时祭祀天神。

文丁总是静静地聆听母亲的教诲,并牢记在心。看着深受冤屈的母亲,文丁更加痛苦。他暗下决心,一定要早日让母亲走出冷宫,一定要继续劝诫父王遵天命、少游猎,重视国家比什么都重要。

有一天,文丁告诉父王武乙,最近宫内外有传言说,天神当初并未被父王射死。

武乙一听,连呼"不可能,不可能"。如果天神没有被射死,为什么他不来找自己算账呢?文丁连忙安慰父王先不要急,他说天神并不怪罪父王,而且对父王的射神之举也没有任何私怨,甚至认为父王勇猛无比,可敬可佩,比当年太甲、盘庚还要有所作为。

武乙没有相信儿子的话,他认为儿子的这些好话,全是用来骗人的。

文丁继续劝说父王,还是要听天神的话。譬如现在天上乌云密布,眼看雷暴大雨就要降临,父王若是此时非要外出打猎,就是违背天意。

武乙听后更加生气,他觉得这些话肯定是巫祝们教文丁说的。这些话是他们编造出来的谎言。国王游猎更能显出殷商王朝的清平政治,是人民安居乐业的体现。巫祝既然说天神没有死,那么自己倒要去找找他。看看在这种雷雨交加的坏天气里外出打猎能有什么后果。

说罢,武乙提起弓箭,由武士陪同,出了王宫。

武乙刚来到郊外,天空突然响起一声炸雷,乌云密布,狂风大作,顷刻之间下起了倾盆大雨。

武乙为了躲雨只好逃到了一棵大树下。

武乙刚刚在树下站住脚,头顶上一个霹雳正好炸在武乙的头顶上,大树被劈成了两半,武乙遭电击而死。

武乙是雷电劈死的,这本是自然现象,但王公大臣、黎民百姓却不这样想,他们认为武乙的死,是因为他得罪了天神,是造孽后的报应。所以,武乙没有得到厚葬。

武乙死后文丁即位,王太后戊从冷宫中被接了出来。丈夫遭雷劈,儿子接大位,这一惊一喜让她心里受到了巨大冲击。几天之后,王太后戊就去世了。

文丁本想让母亲出来享福,可是事与愿违,母亲去世了。他决定好好厚葬母亲,为母亲建造一个大墓穴。

殡葬前,墓穴的四周和中央,用七七四十九个奴隶殉葬垫底。棺材的下面,还专门有一个直立的奴隶用头顶住棺材底。葬后,棺材的上面,一层黄土,一层奴隶,交替埋入,一直与地面平齐之后,才全部用土堆成一个小山似的大坟丘。

为了便于祭祀,文丁又在墓前建了一座高大的油库。供桌前,立了一个由青铜浇铸而成的大方鼎。这个大方鼎就是河南省安阳市出土的后母戊鼎。

这个方鼎造型庄严雄伟,鼎身由八块外花构成,鼎底用四块外花拼成,每条腿由三块外花组成。鼎耳中空,是预先铸好,然后加到鼎身上的。

后母戊方鼎反映了殷商青铜冶铸业的技术水平,是商周青铜器的代表作。

暴君纣杀商容

纣王是文丁的孙子,是商朝最后一个帝王,也是历史上有名的暴君。

商纣虽是一个暴君,但是他的天分极好,聪慧敏捷,见多识广,其力气大到了能赤手空拳与猛兽搏斗的地步,他的聪明能够使试图劝谏他的人不再开口,他常常在大臣面前炫耀自己的能力,认为天下所有人都在他之下。

因为商纣实行暴政,百姓怨声载道,有的诸侯开始背叛他。商纣因此更加残暴,经常用酷刑残害一些大臣,其中就包括商容这位老臣。

商容是纣王登基时的托孤老臣,按辈分,当属纣王的叔父。

那么对于这样一位三朝元老,又是自己的叔父,纣王为何没有手下留情,而是残忍地将其杀害了呢?

原来,文丁死后,儿子帝乙即位。王后没有生育,姬妾中有位妃子生了一个叫微子启的儿子。他聪明正直,很讨帝乙的喜欢,但由于他不是王后所生,按规矩,是不能即位为王的。

不久,王后病逝,帝乙把微子启的母亲扶了正,立为王后。这样,微子启就可以正式即位了。没想到,这位新王后又生了一个儿子,取名辛(也就是后来的纣王)。辛也是个聪明过人的王子,这样一来,王位究竟由微子启继承呢,还是由辛来继承呢?帝乙不知道怎么办了。

于是,帝乙问父王文丁的旧臣该如何处理此事。

商容想也没想,就说:"微子启虽为长子,但他是王后未被封之前所生的,所以应由辛来即位,才合乎礼教。"

帝乙一听,商容所说的和自己的想法一样,而且辛确实可爱,于是就正式立辛为太子,作为王位继承人。

不久,帝乙病重,临危托孤,把辛交给商容辅佐,并告诫辛,一定要听从商容的教导,好好治理国家。

谁知辛继承了王位后,只是一心享乐,荒废了朝政。他在京城东边的朝歌(在今河南淇县)建了一座全长三里、高达千尺的鹿台。鹿台上楼观巍峨,亭阁秀丽,登上鹿台,如临仙境。然后,又建倾宫、琼室,全用美玉装饰,华丽壮观异常。

建成以后,他把王公大臣全叫来,问他们说:"这里新建的倾宫、琼室,是不是比鹿台更加壮丽?"

众人一同赞道:"确实和鹿台不同,装潢高贵,镶金饰银,更加壮观!"

纣王又问大臣们,这里是否缺少什么东西?

大家看来看去,想来想去,觉得宫殿里什么都不缺。

纣王摇摇头,认真地说:"缺少的是人,这里宫室空空荡荡,缺少美女作为点缀呀!寡人现在传令全国,自今日起,四方诸侯在百日之内各选美女百名进宫,以供役使。不论富贵贫贱,只要年龄在十四至十八岁之间,容貌端庄,性情温和,多才多艺的女子,都可以选送进宫……"

话还没说完,老臣商容已经跪倒在地,大声劝阻道:"大王,万万不可!如果大王耳听淫声,沉湎(miǎn)酒色,这是图一时之乐,断殷商万世江山之举,万万不可。再说大王的后宫中,早已美女如云,如果再选民间美女,岂不害人又害己。恕臣直言,还望大王三思而后行!"

纣王此刻正在兴头上,哪能听得进商容的劝谏,于是大声责骂商容。

商容面不改色,继续说道:"尧舜施德于民,天下太平;商汤仁爱慈祥,四海宾服,这是有目共睹的事实。而夏桀无道,才……"

竟敢把寡人比作夏桀,诅咒商朝灭亡!纣王此刻早已怒火攻心,他立即命令将商容拉出去斩首。

商容一听商纣竟要将他斩首,更加气愤,便正言厉色道:"当初是老臣在先王面前力举,才把你立为世子(继承人)。后来老臣又受命扶孤,助你即位。不料你竟是这样一个无道昏君……"

纣王被这一顿臭骂气得面无血色,大声叫道:"杀杀杀,给我把这个老东西杀掉!"

商容一看商纣不纳忠言,不改过失,一味迷恋酒色。想到自己受先王重托才冒死进谏,却换来这样的结果,真是心灰意冷!

他大声对商纣说:"老臣活着也是无用,只是担心汤王开创的六百年基业,最终将要断送在你这个昏君手上!"

纣王一听,更加气愤,立刻拔出腰间长剑向商容刺去。商容一见纣王决心杀死自己,知道今天已无法活命,一气之下撞向宫中的盘龙柱,脑浆迸溅,当场死去。

商容之死,让其他大臣们又惊又怕,从此更不敢违背纣王的意愿,纣王也愈加为所欲为了。

暴君囚姬昌

姬昌是周太王之孙,季历之子。他被纣王封为西伯,是商王朝时期三大诸侯之一。姬昌的封地在周,即今天陕西省的岐山县。他死后,儿子姬发灭了商,追封先父姬昌为文王,所以历史上又称姬昌为周文王。

姬昌出身高贵,年少时志向高远,专心读书,所以他上通天文,下知地理。长大后,他以社稷民生为己任,爱民如子,勤于政事,深受百姓爱戴。

当时,纣王为了更好地控制四方诸侯,册封西伯、九侯、鄂侯三人为"三公",各领一方小诸侯。作为三公之一,姬昌在当时是国家中的重要人物。

不久,四方诸侯造反不断,纣王怕三公也加入造反的队伍,就想效仿祖父文丁软禁季历的做法。于是,他将三公骗到朝歌,把他们软禁起来,以防止他们拥兵反叛。

过了一段时间,纣王随便找了个理由杀了九侯和鄂侯。姬昌得知这一消息,非常着急,因为接下来就轮到他了。

正在这时,从门外走进来一位卫士,手中托着一个盘子,说是奉大王之命,将九侯和鄂侯的肉饼送给姬昌尝尝。

姬昌听后吓得差点晕了过去,他望着这些肉饼,放声大哭,这两人都是和自己朝夕相处的朋友,这次一起来朝歌,不想竟先遭毒手。

没想到这眼泪又害了姬昌,纣王以此为由,竟将他正式囚禁起来。囚禁的地址就在羑(yǒu)里,在今天河南省汤阴县一带。

姬昌被囚禁,失去自由,周的群臣万分着急。西伯的长子伯邑考愿意带一些美女和金银财宝,以自己为人质换父亲回来。

众大臣认为这样做不妥,非但不能换回西伯,怕是伯邑考也回不来了。但是伯邑考的决心已定,别人再也没法阻止。

伯邑考来到朝歌,向纣王献上了礼物,又说自己愿意代父受过。狡猾而又凶狠的纣不但没放西伯,反而把他也扣留了下来,还命他为自己驾马。

纣王听到很多百姓都说西伯是圣人的传言,他气得火冒三丈:"他是什么圣人!我要杀了他的儿子,把肉给他吃,看看他有什么反应。"

可怜那伯邑考不但没能救成父亲,反而丢掉了自己的性命。纣王把伯邑考杀死剁成了碎块,做成了肉汤,然后派人给西伯送去。

西伯姬昌一听这是用儿子的肉做的汤,心中更加悲愤:"我的儿子莽撞行事,才遭受这碎身之祸!纣王如此残暴,竟下此毒手!如果我喝了这汤,真是心如刀割;如果不喝,我又难逃杀身之祸。真是为难死我了!"

姬昌思来想去,决定喝汤。他强压悲愤,跪下对使者说:"请转告大王,罪臣当死,孽子又冒犯了大王,真是罪上加罪。今天大王严明正法,代罪臣除掉孽子,我心中不胜感激。今天喝了这肉汤,我一定会将大王恩德牢记在心,日后必当重报。"说完,接过肉汤,将这汤当作暴君纣王的肉汤喝掉了。

纣王听过禀报,觉得西伯真有悔过之意,怒意便消了一些。他觉得西伯根本不算是圣人,虎毒尚且不食子,而他明明知道吃的是儿子的肉,却还对自己千恩万谢,看来姬昌根本不值得畏惧。

西伯被关押的时间太长了,群臣和百姓们都迫切地希望他回来。

后来西伯的大臣又送给纣王许多珍宝及美女,纣王一高兴就放了西伯。

西伯终于回到了封地——周。

比干剖心

比干是商王文丁的次子,幼年聪慧,勤奋好学,20岁就以太师高位辅佐帝乙,又受帝乙托孤辅佐纣王。他生性刚直,性格倔强,对纣王的所作所为早有不满,决心要劝谏纣王。

比干带着纣王去太庙祭祀祖宗,给他讲历代先王的故事:商汤创业时的艰难;盘庚用茅草盖屋;武丁和奴隶一起砍柴锄地;祖甲约束自己,喝酒从来不过三杯,唯恐过量误国……

纣王表面点头称是,但并不真正改过,而且愈加荒淫暴虐。纣王的爱妃妲(dá)己喜欢看人受虐的情景,有一种叫作炮烙的刑具,就是她发明的:用铜做成空心的柱子,行刑的时候,把犯人脱光衣服绑在柱子上,再把烧红的炭火放进铜柱子……

比干看到纣王和妲己害人取乐的场面,直言他的暴虐,并且请求将妲己斩首,满门赐死!纣王愤愤地坐在那里,一句话也不说。

比干继续说道:"当年汤王在位时,天下大灾,遍地都是饿死的尸体,汤王下车抚尸而哭,责备自己无能。他又立即开仓济贫,饥者得食,寒者得衣,天下称颂。你今天的作为与先王的仁政背道而驰,若还不悔改,天下就危险啦!"纣王听完气得拂袖而去。

比干回到家中,请来箕子和微子启商议,让他们向纣王进谏。第二天,箕子去劝纣王,纣王却将箕子的头发剪掉并把他囚禁了起来。微子启进谏,纣王依然不听,微子启只好抱着祖先的祭器远走他乡。大臣辛甲进谏了七十多次,纣王丝毫不改,于是投奔了周文王。许多大臣看到纣王已经无可救药了,纷纷弃商投周。

纣王已经落到了众叛亲离的地步。而此时，周武王率军东征已经打到了孟津，背叛殷商来和周会盟的大小诸侯有八百多个，商王朝已是风中残烛了。

比干觉得为人臣子不能像微子启那样避事而走，就是杀头挖心也得据理力争。他冒着灭族的危险，连续三天进宫抨击纣王的过错。

这样一连三天，商纣王恼羞成怒，说："我听说圣人的心有七个孔窍，我倒要看看你的心是什么样子！"于是命令卫士将比干的胸膛剖开，挖出了他的心脏。

比干就这样被纣王残害了。因为勇于进谏，比干受到了后代世人的敬仰。

暴君纣逐微子启

微子启，是帝乙的长子，殷纣王的哥哥。微子启与太师箕子、少师比干屡次进谏，不被采纳。后来，微子启出走，从此杳（yǎo）无音讯。

传说，微子启逃出后到微山湖（在今山东微山县南）隐居，死后葬在凤凰台上，微山湖便因此而得名。

那么微子启为什么要离开商都而到微山湖隐居呢？事情是这样的。

微子启是纣王的哥哥，因为母亲还不是王后时生了他，这才未曾继承大统。比干死前，微子启和箕子都曾出面劝谏过纣王，但是纣王已经在妲己的迷惑下失了心智，怎么劝说也没有效果。

现在，少师比干死了，太师箕子疯了，微子启孤掌难鸣，朝中的那些奸臣已经到了无法无天的地步了。

有些正直的人，特别是商容的儿子，却对纣王的暴政、妲己的狐媚和奸臣的阿谀看不下去了。想要改变现状，唯一的办法就是重立国君，这才可以拯救商汤创下的基业，为冤死的商容报仇。现在只有微子启一人能够成为新的国君人选，所以他们把眼光全都集中到了微子启的身上。

一开始，微子启并不知道，他还像往常一样，对弟弟的倒行逆施，能劝说几句就劝说几句，听了更好；若是不听，纣王一意孤行，他也只好听之任之，找个地方喝酒、聊天,乐得一身轻闲。

有一天,商容的儿子突然来拜访微子启。以前,因为商容是纣王的托孤之臣,微子启虽没放在心中,但商容父子却中断了与微子启的联系。今天,商容的儿子一进门,就对微子启表示愧意,他说:"先生,当年家父一时办了错事,弄到最后,他老人家自己还丢了性命,这也算是得到报应了。"

微子启道:"令尊因劝谏大王而死,这是忠义的行为。令尊大人是我所敬佩的高人,他依礼而行,我的确不能继承大统。"

商容的儿子道:"事实证明,家父力保辛即位,是做了一件蠢事、错事。现在,后悔也晚了。"

"说'悔'还为时过早,只要我们做臣子的都能学你父亲品德之万一,殷商还是有救的。"

"但是,少师比干已死,谁来继承王位呢?"

"大王尚在英年,现在就来考虑这些,是不是为时过早了一点儿?"

商容的儿子看微子启丝毫没有取纣而代之的意思,所以也不好明言,只好悻悻而去。但他并不死心,之后又陆续派人来做说客,有的甚至明白地对微子启说,如果他再不登高一呼,挽殷商于危难,救黎民于水火,那么商汤先王所创之基业就将亡于一旦了。

微子启既不想登上王位,也不想发动宫廷政变,万般无奈之下,只好逃离了都城。他从都城出发,一路向东,一直走到微山湖地区,从此在这里过上了隐居的生活。

三千年前的古城

不同于现在人们所说的人口密集、经济文化发达的工商业城市,古城是指古代奴隶主贵族建立的政治、军事据点。最早的城市出现于原始社会末期。

在我国辽阔的大地上,迄今为止已发现数千个这样的遗址。这些遗址的建筑规模一般较小，严格地说，它们只是人类聚居的原始村落。远古人类用挖掘壕沟的方法来保护自己的栖息处所，人们把挖出的泥土堆起来，就形成了一道高出地面的"城墙"。这种筑城的方法，一直沿用到封建社会末期。

真正意义上的城市建筑是从商代才开始出现的。

20世纪50年代初，在河南郑州旧城东南郊的一座土岗上，曾出土过若干商代遗器和一批重要文物。经过鉴定，专家们确认这些文物出现的年代比安阳小屯村发现的殷墟文化还要久远。

这座土岗离郑州旧城约一公里，即二华里，因而被命名为"二里岗遗址"。考古专家经过深层挖掘，在二里岗北面的地下，发现了坚硬的夯（hāng）土层。夯土层面积很大，是一个巨大的长方形，分别从东西两个方向延伸，有些地方与老城相连。在夯土里，只挖掘出龙山文化时期及商代早期的陶片，由此可以断定，它是商代前期城市的遗址。一座三千多年前的古城轮廓，出现在了人们的眼前。

古城周长近7千米，中间有11处大小不等的缺口。其中几处缺口，可能是当时的城门。由于风雨的冲刷和侵蚀，露在地面的部分已经残缺模糊，所以原来的高度难以测定。曾有人估算过，如果城高10米，顶部宽5米，底部宽20米，那么，这座城池需用170万立方米的泥土夯筑。

考古专家还在郑州城内发现了夯土台基和颇具规模的房屋遗址，并在台基近处出土了许多青铜器皿和一根玉簪。由此他们推测，这里可能是当时奴隶主的聚居地，或者是宫殿遗址。

几年后，考古专家又在河南偃师的二里头，发掘出另一座商代古城遗址。这座古城的年代更加久远。人们复原处理了城内的一座宫殿废基，发现它是一个宽8间、进深3间的大型木构建筑，东、西、南三面有廊庑环绕，南向正中有牌坊式大门。

虽然二里头遗址面积仅仅是郑州商代古城面积的六分之一，但它的宫殿建筑规模已相当可观。由此可以想象出郑州商代古城宫殿的规模和壮丽景象。

商代古城建筑中在规模、宫殿建筑上比较有名的，应当是后期的国都遗址。

公元前1300年，商王盘庚将都城迁到了今安阳市郊的小屯村。这地方当时被称为"殷"。后来，历史学家便把迁殷后的商代称作"殷朝"，也叫"殷商"。

盘庚迁殷后，这里逐渐发展成一座真正的城市，殷也成了商代后期的政治、经济、文化中心。公元前1046年,商代被西周所灭。之后这座古城逐渐荒废,变成了一片废墟,最终沉埋地底。这片废墟被后人发现后,人们又称它为"殷墟"。

北宋时期,小屯村一带就时常有商代文物出土。到了清朝末年,由于甲骨文的出土,人们的目光再次聚焦到这里。经多次考古活动,有关学者终于得出了殷墟是商代后期国都的结论。

殷墟横跨安阳城北洹河两岸,总面积超过24平方公里。这里地势平坦,土地肥沃,水源丰富,适于农耕。由此可以看出,优越的自然环境是商王选择国都地址的重要条件之一。

都城的中心位于洹河南岸的小屯村及其周围地区。外围有一条宽大的壕沟,是为了护卫中心区域而修建的。沟的四周有密集的居民点和大批手工业作坊的遗址,还有水井、道路以及储藏食物的地窖和奴隶们居住的坑穴式窝棚残迹。

中心区的主要遗迹是王宫建筑群,这是我国最早的、名副其实的宫殿建筑。它们由土墙、木结构梁柱和门户以及屋顶等部件组成,伫立在厚厚的夯土台基上。柱下有石础(房柱下的基石),柱、础之间大多垫有铜质薄片。至于屋顶,由于当时还未用瓦,所以可能采用的是茅草覆盖。房屋造型有方形、凹字形和长方形等。最大的屋基宽约14米,长80米以上。

由于商人相信鬼神,因此在建造王宫的过程中,从选址、奠基、置柱、上梁,直至安设门户、落成搬迁,都要举行祀神大典。每次举行仪式,都要杀掉大量的牲畜和奴隶,用来取悦神灵,祈求庇护。人们曾发现一座宫殿大门的左右两侧分别埋有门人和侍卫,屋内又有6个女奴分埋两边。在一组宫殿建筑群的北面,埋着5辆马车,一侧还有大批的无头尸体。据统计,在整个王宫建设过程中,这种用作祭祀的人、牲总数超过了900人。

奴隶们为主人建造了宏伟宽敞的宫殿,而他们自己却居住在狭窄阴冷的地穴里。这种简陋的地穴,有圆形的,也有长方竖井形的,构筑粗陋。

在殷墟里,人们还发掘了一些奴隶主贵族的大型陵墓,出土了很多珍贵的历史文物。其中最引人注目的,是一件名叫"后母戊"的大方鼎。这件著名的青铜器,是商王文丁为祭祀其母而铸造的。鼎高133厘米,口长112厘米,宽79.2厘米,重832.84千克。周身饰有兽面花纹,器内铸有"后母戊"三字。到目前为止,它仍是我国出土的青铜器中最大的一件,是我国古代青铜铸造工艺最高水平的代表作品,在世界青铜铸造史上,也是独一无二的珍品。

殷墟中还有一项震撼人心的发现,那就是甲骨文。甲骨文是我国迄今发现的最古老的文字体系,是研究中国文字的重要资料。甲骨文记录了商朝后期的大量史实,为研究商朝乃至以后的奴隶社会的历史,提供了丰富的资料。

殷墟甲骨文

文字的运用,是一个民族进入文明时代的主要标志之一。

最早的文字,是用简单的图画来表现思想、记载事实的形体。在象形图画中,"牛"字就是牛的写真,"马"字就是马的写真。它们所描绘的事物或现象,都很形象,所以在任何人眼中,都能达成共识。这种图画与真图画的区别之一在于其目的不在美感,而在观念的表现,所以绘法也比真图画简单。这种图画介于图画与文字之间,所以可以称之为"文字画"。

经过长时间的演变,中国的"文字画"到了殷商时代,已经成了具有象形、会意和形声等类别的甲骨文。因为,从这些甲骨文文字的结构上看,虽然还存在一些原始性,但是它已经超出"文字画"的阶段,是一种比较成熟的有完整体系的汉文字。

商朝盘庚迁都后,经常用龟甲或兽骨占卜吉凶。占卜之后,用当时的文字将占卜的原委和日后是否应验及详情刻在甲骨上,所以叫作"甲骨文"。由于这些甲骨中大多数都是对占卜的记录,所以学者又把它们叫作"殷墟卜辞"。

甲骨文主要是在河南省安阳市西北部的小屯村出土的,那里也就是商代的都城所在地——殷墟。清朝末年,村里的农民意外发现了一些带字的骨头。1898年,古董商人范维卿注意到了这些带字的骨头。第二年秋天,范维卿将一些带字的骨头带到北京,请当时著名的金石学者王懿荣验看。王懿荣经过研究断定,这是商代用于占卜的甲骨,上面所刻的文字,是比当时所知道的最早的古文字——篆文更为古老的文字。从此,甲骨文出现在了世人的面前,一门新的学科——甲骨文学也随之建立起来了。

现如今,我们已获得刻有文字的甲骨15万多片,单字数量约有四五千个。

据学者研究,甲骨文的文法结构已经具备了现代汉语语法的基本形式。主语在前,谓语在后,谓语中的动词,一般都在宾语之前。具有九种词性:名词、量词、代名词、动词、形容词、数词、连词、介词和助动词。

甲骨文的发现和研究,在中国历史及中国古代史研究上具有极其重要的价值。它的发现有利于我们研究商代的历史,也表明了中国文化的悠久程度。甲骨文是我们今天所见到的我国最古老的文字。正是因为有了这样丰富的文字,我们祖先长期积累的经验才得以记录并流传下来。

甲骨文的出现,表明中国历史进入有文字记载的时期,具有划时代的历史意义。

当钱使用的贝壳

商品的流通,离不开货币,没有货币参与,就不可能有真正意义上的商品流通。

货币是什么呢?货币的本质是一般等价物。通俗来讲,就是我们日常用来买东西的钱。

货币不是伴随着人类社会的产生而产生的,也不是人们有意识地发明出来的,它是人类社会发展到一定历史阶段的必然产物。至今为止,它只有四五千年的历史。

远古时代,由于生产工具落后,生产力低下,人类只能以群体为单位,过着原始生活。他们穿兽皮,吃野果,住山洞,每天饥寒交迫,根本没有多余的物品。所以,也没有人想到要拿东西与其他的群体进行交换。

之后,随着生产工具的不断改进,产品逐渐有了剩余。这时候,邻近氏族或部落之间,偶尔相互赠送一些各自特有的"产品",用以联络感情。如果这也算是一种交换,那么,这应该就是人类历史上最早的、最原始的交换活动。

到了后来,随着生产力的进一步发展,特别是畜牧业、手工业从农业中分离出来以后,私人占有的剩余产品增多了,真正意义上的交换才开始产生,并逐渐频繁起来,成为人们经济生活中不可缺少的组成部分。那些被人们拿到市集上进行交换的物品也就成了商品。从这时起,便有了穷人和富人的区分,开始形成了两个对立的阶级——奴隶主阶级和奴隶阶级。

最初的交换形式都是以物换物。举个简单的例子:用一头牛可以换几套狩猎的器械,用一袋粮食可以换生产用的耒、耙、刀、斧等工具,甚至抓来的俘虏也可以当作商品进入市集。我国西周孝王时铸成的一尊青铜鼎上,就有五名奴隶抵"匹马束丝"(即一匹马加一束丝)的记载,可见当时奴隶的价格是相当低的。

我们可以通过古籍的零散记载,想象出交换时的情形:在一些相邻的氏族部落之间,有一块被大家公认的空旷地带,这里就是交易市场。每隔几天或十几天,大家牵着牛,赶着羊,背着粮食,从四面八方聚集而来。经过一段时间的讨价还价,终于达成了交换协议。人们得到了各自所需要的东西,高高兴兴地返回住地。这种交换,开始是不定期的。到了后来,才逐渐固定下来。具体交换时间根据当时的情况或部落间的协商来决定。

以物易物的交换方式只是历史发展中的一个阶段。随着社会的进步,这种交换方式终于被一种新的交换方式所代替。日益丰富的物质资料使交换的产品范围日益扩大,而以物易物这种原始的办法,不仅换算不便,更重要的是难以做到公平合理。如果用一只羊换三把半的刀,或二分之一的陶罐就不好办了。

为了解决这个问题,我们的祖先找到了一个比较方便的办法,那就是在交换物品前,先将自己手中的产品,换成一种大家都乐意接受的东西,再用这种东西去同别人进行交换,这样就很容易交换成功。在这种情况下,一种特殊的商品便出现了,它就是"一般等价物"。有了这种东西,交换中产生的许多难题便不存在了。

最早的"一般等价物"是什么?它可能是狩猎的弓箭、种植的工具,也可能是牛、羊等牲畜活物。但这些东西不是太笨重就是价格太高,或者容易破碎,人们使用起来还是不方便,后来被逐一淘汰。实践证明,只有一件东西久用不衰,那就是海边的贝壳。这种东西不仅质地坚硬、色泽绚丽,小巧玲珑,还便于携带和计数。

就其用途而言,除了供人赏玩外,还可串在一起,作为饰物佩戴在衣服或脖颈上。当时的人们还认为这种东西可以驱凶避邪,是吉利和祥瑞的象征。所以贝壳逐渐取代了其他的一般等价物,登上了人们经济生活的历史舞台。据我国古籍记载,至少在商代,它已经成为事实上的货币被人们广泛使用了。

可是也有人担心,在我国辽阔的万里海疆上,贝壳俯拾即是,人们可以随便捡来据为己有,去换取自己所需要的东西,那还会有谁去生产劳动呢?

这种担心是多余的。因为在遥远的古代,我们的祖先一直生活在西北内陆地区,远离海洋。由于生产力的限制,人们认识和征服自然的能力极低,加上交通工具简陋,多数人不大可能远离自己居住的部落,到滨海地区"淘金"。即使有些人敢冒风险,拾回一些贝壳,就数量而言,还是比较少的,而且这种冒险活动的成功率极低。

"贝"字在当时的甲骨文和青铜器铭文中,都是贝壳的形象。在流传至今的汉字中,凡是与财富有关的字,诸如贫、贱、财、货、赏、赐、贡、贺,甚至贪、赂、赌等,都用"贝"字作为表意符号。这就足以证明:贝壳曾是我国古代最早的通用货币。

用天然贝壳作为交换手段,经历了漫长的岁月。商代末年,才出现了铜贝。它是一种模仿贝壳形象铸成的货币。虽然出现了铜贝,但由于当时生产力有限,铸成一枚铜贝不是一件容易的事,所以在此后的漫长岁月里,天然贝壳仍然是一种深受人们喜爱的一般等价物。直到春秋战国时期,它才被金属货币所替代。

触目惊心的人殉

奴隶社会是人类历史上第一个存在剥削制度的社会。奴隶主占有生产资料及奴隶本身,强制奴隶劳动,并攫(jué)取奴隶的全部剩余劳动和一部分必要劳动。奴隶制是人类历史上最残酷、最野蛮的剥削制度。

奴隶主和奴隶是两个相互对立的阶级。

奴隶的来源主要有两个：一个是被征服的种族，另一个是战争中的俘虏。史料中曾有这样的记载：善于造车的薛部落被征服后，全都沦为造车的奴隶；昆吾部落善于冶铸和制陶，便被束缚在冶铸和制陶的作坊中，没日没夜地劳动。此外，奴隶还有一种来源，即罪犯。

商朝时期，随着统治区域的扩大，奴隶的数量也在不断增加。一个大奴隶主，可以拥有成千上万的奴隶，较小的也不下几十或几百。

对于奴隶主来说，奴隶与牲畜、工具、房屋无异，都是自己的私有财产。为了区分别人的与自己的奴隶和防止奴隶逃跑，奴隶主往往会在奴隶的额头上烙印记。如果奴隶人数过多，奴隶主也可以将其转送给别人，或牵到市集上去卖。奴隶的价格一般都很便宜。据出土的青铜器上铭文记载，当时5名奴隶才能换1匹马和1束丝。

奴隶没有人身自由。从事农业生产的奴隶，被迫聚居在集中营式的小城里，开荒种地。农忙时，天明下地，天黑收工，夜间就在耕地附近临时搭起的"庐舍"里休息。有些奴隶还被迫戴上沉重的枷锁。到了严冬，他们又回到小城，男人建造宫室，修筑城堡；女人日夜绩麻纺线，织布缝衣。据史料记载，一个奴隶要在一个月的时间内干出45天的活来。

奴隶主畏惧死亡，为了让自己在死后也能享乐，他们往往会用活的奴隶或杀死奴隶来殉葬。

殉葬，也称陪葬，就是拿活人或杀死活人同死人一起埋葬。奴隶主死后，要把奴隶也埋葬在坟墓里或坟墓的周围，让他们死后继续为自己效劳。

人们在河南安阳发掘出的一些殷代大墓中发现，大墓四面或两面都有墓道。主人的墓室下边，有殉葬的活人。正中央南北的长坑里，埋葬着一个执戈的人和一条狗。有的四角各挖一个长坑，每个坑中都埋着一个人；有的每角有两个长坑。埋好这些殉葬的人之后，墓主的棺椁就下葬了。然后用夯（砸实地基用的工具）把填土打实，棺椁的周围再埋一批殉葬的人。待殉葬的人埋好后，杀殉就开始了。一排10人或20人被反绑着双手牵到南墓道里，面向墓室，东西成排地跪着，接着便砍去他们的头，先把躯干埋好，再把人头面向墓室，从东到西成排地摆在那里。这种现象，有时也在北边的墓道或东西的墓道里出现。

这些大墓的东边，有成排的南北长坑，每个坑里埋着10个或20个被杀的奴隶。在大墓的另一些方坑中，还埋着10个或20个人头。

奴隶主贵族不仅用奴隶进行殉葬，还把奴隶当作祭品，在祭祀时，同牛、羊、犬、豕（猪）并用。因为奴隶比牲口便宜，所以祭祀的时候，往往用牲不多，而奴隶则可以成十上百地杀掉。据甲骨文记载，最多的一次竟杀了2600多个奴隶！

奴隶主对奴隶的残酷剥削和压迫，必然激起奴隶的反抗。开始，他们大多采取逃亡的方式。这种斗争往往使奴隶主无法防范，难以应付。除了逃亡之外，奴隶还组织过小规模的暴动。在卜辞中，曾有商王亲自率兵镇压奴隶暴动的记载。到了西周时期，奴隶逃亡的事情仍然不断发生，特别是在战争期间或奴隶主因故放松监管的时候，他们便会乘机逃脱。

春秋战国时期，生产力的进一步发展让更多的人从劳动中解放出来，于是在秦国商鞅变法之后出现了封建制度的萌芽。秦王嬴政统一六国以后颁布了一系列的土地政策，其中最关键的就是地主制度的形成，这标志着延续1000多年的中国奴隶制社会灭亡，残酷的奴隶制度消失了。

姜太公钓鱼

商纣王时期，姜太公闲来无事，经常到渭水边去钓鱼。他钓鱼的方法很特别，用的是直钩，并且从不在钩上放鱼饵。他一边钓鱼，一边唱道："太公钓鱼，愿者上钩。"虽然几天也没有钓到一条鱼，但他仍然每天按时来到渭水边垂钓。

姜太公的行为终于引起了人们的注意。一天，一位叫武吉的砍柴人好奇地坐到姜太公身边，与他聊了起来。姜太公自我介绍说："老朽姓姜，名尚，字子牙，道号飞熊。"武吉听说姜太公自号"飞熊"，觉得很可笑，便说："像您老这样整天坐在这渭水边钓鱼，而且还用直钩，不要说鱼，只怕连虾也钓不到。一个连鱼都不会钓的人，居然自号'飞熊'，实在可笑。"姜太公听了武吉的话，只是淡淡地一笑。

周文王姬昌见纣王昏庸残暴，丧失民心，就决定讨伐商。可是他身边缺少一个有军事才能的人来帮助他指挥作战,他便暗暗想办法物色这种人才。

有一天,周文王坐着车,带着他的儿子和兵士到渭水北岸去打猎。在渭水边,他看见一个老人坐在河岸上钓鱼。大队人马过去,那个老人只当没看见,还是安安静静地钓他的鱼。文王看了很奇怪,就下了车,走到老人跟前,跟他聊了起来。

经过一番谈话,文王知道他叫姜尚,是一个精通兵法的能人。

文王非常高兴,说:"我祖父在世时曾经对我说过,将来会有个了不起的能人帮助我使周兴盛起来。想必正是您吧。我的祖父盼望您已经很久了。"说罢,就请姜尚一起回宫。老人也未推辞,就跟着文王上了车。

姜子牙此时已年届七十,但姬昌并不因他年老而不用他,这才能珠联璧合,打败强悍的纣王。

其实,姜子牙并非神人,他年幼时家道中落,沦为平民。不过他才气过人,从小就十分好学,长大后更是足智多谋。由于他家境贫寒,所以无人用他。他空怀一身本领而找不到施展的地方。

后来他到处游荡,曾经干过屠牛的生意,在孟津(今属河南)开过招待四方宾客的饭铺。就这样过着吃不饱穿不暖的日子,连丑陋的老婆也看不起他。但是,姬昌却是个有眼光的人,一回到宫中,他就拜姜子牙为太师,对他极为尊重,当面称姜子牙为"师父"。

姜太公是周文王的好帮手。他一面提倡生产,一面训练兵马,渐渐地周国的势力越来越大。有一天,文王问姜太公:"我要征伐暴君,您看咱们应当先征伐哪一国?"

姜太公说:"先去征伐密须。"

有人反对说:"密须国君厉害得很,恐怕打不过。"

姜太公说:"密须国君虐待老百姓,早已失去民心,他就是再厉害十倍,也没有什么可怕的。"

周文王发兵到了密须,还没开战,密须的老百姓就先暴动了,他们绑着密须的国君归附了周文王。

过了三年,周文王又发兵征伐崇国(在今陕西西安市鄠邑区东)。崇国是商朝西边最大的一个属国。周文王灭了崇国,就在那里筑起城墙,建立了都城,叫作丰邑。没过几年,周逐渐占领了商统治的大部分地区,归附周文王的部落也越来越多了。

到周文王年迈的时候,周的势力已经超过了商,其形势已是"天下三分,其二归周"。但是,周文王并没有完成灭商的事业,他在打算征伐纣王的时候,不幸患重病去世了。

这样,灭商汤的重任就落在了周文王的儿子姬发和智叟姜太公的肩上。

贤德的太姒

"关关雎鸠,在河之洲。窈窕淑女,君子好逑。"这是《诗经·关雎》的开头四句。只要对中国历史和文学有所了解的人,没有不知道这四句诗的。宋代朱熹所作《诗集传》中说,"河"指黄河,"河之洲"是黄河中的沙洲,"淑女"是洽(hé)川(在今陕西合阳县)的美女太姒,君子是周文王,这首诗说的是当年周文王与太姒定情的故事。

商代末期,洽川出了一位美女,是姒家姑娘,名叫太姒。她不但长得漂亮,而且生活俭朴,待人和善。太姒的名气越传越远,远在西岐(今陕西岐山县)的周文王就打发使者来洽川访查。使者得知太姒是一个美丽贤德的女子,就回去汇报。周文王听后非常高兴,但他担心使者的话不真实,便决定亲自到洽川走一趟。

结果,周文王与太姒一见钟情,就决定娶太姒为妻,他亲自到渭水去迎娶。渭水没有桥,周文王想出了一个好办法——把舟连起来,"造"了一座浮桥,把太姒接了回来。

太姒成为周文王的夫人后,继承了祖母太姜和婆婆太任的贤德。她早晚勤勤勉勉,遵守媳妇应尽的礼数,从未有过失礼和过失,还极尽子女孝道,经常回家探望和安慰父母。太姒以妇礼、妇道教化天下,被人们尊称为"文母"。文王治外,而文母治内。

太姒共生了十个儿子,包括讨伐商纣的周武王,以及巩固了周朝基业的周公旦,可以说武王、周公的圣德与太姒的教育是分不开的。

武王伐纣

姬昌去世后,他的儿子姬发即位,也就是周朝的开国天子周武王(？—前1043)。

武王即位之初,就立下誓愿,继承先父、先祖的遗志,完成讨伐商纣的大业。他任命太公姜子牙为军师,称其为尚父(姜子牙本名姜尚,字子牙),以弟弟周公旦为宰辅,并召集了召公、毕公等一大批贤臣。

武王一边积极做伐纣的准备,一边千方百计地迷惑纣王,因为伐纣的最佳时机还没有到来。

周武王即位的第二年,他在孟津大会四方诸侯,检阅军队。为了更好地号令诸侯,武王将周文王的牌位放置在车子上,把放牌位的车子安排在中军的中间,声称自己是奉了周文王的命令来攻打商的,又命尚父为全军统帅。各方诸侯虽然对武王不甚了解,却都知道周文王的仁义,所以他们都听从了武王的号令。

接着,武王颁布军令,命令姜子牙带领军队,同乘舟楫,北渡黄河。如果有落伍者,格杀勿论!

姜子牙指挥军队正在渡河,行驶到河中央,一条白色的鱼突然从水里跳到武王的船中。武王认为这是天神的警告,便弯腰把鱼捡起,用鱼祭祀,默默地祈祷上天保佑此行成功。渡过黄河之后,突然,天空划过一颗巨大的流星,拖着长长的火焰,落到了黄河北岸的王屋山中,随即爆炸,声音惊天动地。

武王和姜子牙目睹这种情形,便命令各诸侯解散,今日权当练兵,等时机成熟后再行出发!

两年之后,武王听说商纣王更加昏庸暴虐,杀了比干,囚禁了箕子,逼得微子启逃亡他乡,很多大臣都投奔了周。

武王觉得时机已经成熟,便派人遍告四方诸侯,纣王的罪行深重,不能不攻伐了。

第2章 夏、商、西周

于是，周武王仍用车载着周文王的牌位，率领三百辆战车，三千名虎贲（古代指勇士。贲，音 bēn）军，四万五千名甲士，沿渭水东下，东出伐纣。行军途中，武王还写了一篇《泰誓》，对众人宣告了纣王的种种罪行，并表明自己是替天去讨伐纣王的。众人齐声欢呼，众志成城，士气高昂。

武王渡河先到了孟津，在孟津召集各诸侯会师。周武王在孟津举行誓师大会，宣布了纣王残害人民的罪状，鼓励大家同心伐纣。讨伐大军士气旺盛，一路势如破竹，很快到了朝歌的郊外——牧野。

武王在发动总攻前，又举行全军将士誓师大会，他大声说道："商纣王整天只顾淫乐，不理朝政，他残酷地对待百姓，致使民不聊生。今天，我起兵攻打纣王，这是应天命顺人心的事。各位一定要努力，否则我们将对不起百姓，对不起我们的祖先，更对不起上天！"宣誓完毕，各路诸侯军队集结了几万人，四千辆战车，陈兵于牧野，在军师姜子牙的指挥下，将要和纣王决一死战。

纣王听说武王要起兵攻打自己，慌忙调兵前去应战。但情势紧急，他的精锐部队根本调不上来，只好将大批的奴隶和战俘武装起来，总共也只有几万人。就这样，纣王的部队狼狈地出发了。

两军在牧野交战。号角刚刚吹响，姜子牙就率领几百名精兵冲上前去，纣王调出几千人马出阵应战。几个回合之后，姜子牙的人马竟渐渐不敌纣王之兵，匆忙逃跑了。纣王一看姜子牙大败，哈哈大笑，说道："人们都说姜子牙足智多谋，看来他也没什么真本事，这样的兵马还敢和我争战？真是不自量力！"

他盼咐全军追杀姜子牙，追到一个山谷时，突然间，像雷一样的声音在山谷里响起，武王的兵马一起从山间的各个角落杀了出来。一时间，纣王的部队乱了阵脚。

纣王的兵士都是临时拼凑起来的，而且奴隶们对纣王恨之入骨，听到前进的号角声，他们竟然掉转了方向，对准了纣王的军队射箭。就这样，几万大兵土崩瓦解了。纣王一看大事不妙，慌忙骑着马飞也似的逃了。

纣王逃回城内，见商朝大势已去，救国无望，就决定自杀。他登上鹿台，穿上华丽的衣裳，将鹿台的财宝聚集起来，命令手下架上干柴点燃。在财宝的陪伴下，纣王自焚了。

暴虐的纣王被消灭了，从此，百姓又重新获得了安宁。

公元前11世纪，中国历史上奴隶制社会的第三个王朝——周朝建立起来了。

分封诸侯

武王灭商之后,并未停止军事行动。他四处出兵,征伐原来从属于商朝的其他诸侯和部落。

一段时间后,那些诸侯和部落大多数都投降了,少数的顽固分子也被征服了。周朝基本上控制了商朝原来的统治地区。

但是,武王仍然愁眉不展,心事重重。一天,他将军师太公、弟弟周公姬旦和召公姬奭(shì)召集在一起。

这三人早就察觉到了武王的意思,他们认为,武王忧虑的是周朝原来是商朝在西方的一个属国,如今突然取代了商朝的统治地位,今后,如何控制原来臣属于商朝的东方广大地区呢?

武王果然提出了这个问题。周公提议可以营建东都,而武王反对说,营建东都的确是一个好主意,可是我们刚建了个镐(hào)京(在今陕西西安市长安区西北),再营建东都,只怕天下百姓会说我们是大兴土木,重蹈纣王覆辙。

周公听了,连连点头,一时说不出话来。

太公建议说,可以命诸将各统兵数万,遍驻国内,以安天下。

召公说,军师的建议很有道理,不过只凭武力,天下虽安,恐不足收天下之心。

大家议论纷纷,弄得武王更加没了主张。

这时,周公沉思了良久,提出了一个建议:大王可以再选文武贤臣,各自治理一个地区,既可拥重兵剿灭叛逆,又可施仁政治国安民。

武王听后连连点头,觉得这个提议很好。

周公见武王赞成,便又继续说道:"其实这种办法,很早就已经有了,只不过未形成制度而已。我们今天可以确定下来,定为制度。可以由天子亲自授级封侯'册命',说明封地疆界和人口,注明赐给的属官、仆役以及礼器、兵器、车马、服饰等等。"

武王一听,担心封侯的兵权如何处理。

周公说:"允许封侯拥兵,但必须随时听任天子调遣,定期向天子纳贡、朝贺。"

武王又问:"那么,如果被封的人死了怎么办?"

周公笑着说:"允许封侯世代相袭,父业子承。"

武王说:"好!"

周公又补充说:"应该给予封侯一定的权力,他可以在封国内分封卿、大夫。但天子对封侯有赏罚予夺之权,就是对封国中的卿、大夫,天子也有权过问。"

武王、太公和召公都觉得这确实是一条治国的良策。

那么怎么封侯呢?

周公提议,在武王之下,按功劳贡献之大小,可分公、侯、伯、子、男五个爵位。

主意已定,武王就依照宗法制度,分封起诸侯来了。

依据宗法制度,周天子是全姬姓最高的族长,也是天下的最高统治者,理所当然拥有整个天下,是"王",天之骄子。

然后,武王就分封自己家里的弟兄们。

武王的兄弟有十五人,同为姬姓的有四十人,他们都得到了封赏。

可是,周朝的地方实在太大了,武王分完了自己家里的人,还有许多地方无人管理。

究竟分哪些大臣?封到何地呢?

武王为这两个问题煞费苦心。最后,他决定,为了追念古代圣王,也为了表明周王朝继承的是历代三皇五帝先王之治,他封炎帝之后于焦(今安徽亳州);封黄帝之后于祝(今山东泰安西南);封帝尧之后于蓟(今北京市附近);封帝舜之后于陈(今河南淮阳县);封大禹之后于杞(今河南杞县)。

然后,武王开始分封大臣。其中,军师姜太公的战功最为显赫,首得封赏,被封于营丘(今山东淄博市临淄区),称为齐国。

——封赏完了之后,武王忽然想到为使周朝昌盛而流落到南方的伯祖父太伯和仲雍,假如没有他们慷慨让位,周朝也不会有今天。于是,武王派出使臣,到南方找到了他们后代的下落。

仲雍的后代周章正做着吴人的首领,武王就把周章封为周朝的诸侯,将吴地称作吴国,而且破例将他封为吴王。周章还有一个弟弟,叫虞仲,也被封为诸侯,所辖之地称虞国(今山西平陆县北)。

分封完了,武王认为再也没有被遗漏的人了,心里悬着的大石头才放了下来。

周公又来提醒武王,还漏掉了一个人。纣王的儿子禄父(即武庚)还在商都,应该给他一块封地。

武王觉得奇怪,禄父是暴纣的后人,分封他也不合适啊?

周公解释说,禄父对殷商遗民还有着影响力,如果分他一块封地,对笼络殷商遗民具有事半功倍的效果。而且只要看管得紧,禄父也不会有什么作为。

于是,武王就封禄父为商朝之后,留在原商都,负责安顿和控制商人,又派自己的三个弟弟管叔、蔡叔和霍叔三个人率领部分军队,驻扎在商都附近,对禄父进行监督。历史上将这三个人称为"三监"。

周朝实行分封制,不仅有利于巩固地方统治,也有利于扩大政治影响,加快了周朝的发展和进步。

伯夷叔齐饿死首阳山

商朝末年,在今河北卢龙的东南一带为孤竹国。孤竹国国君一共生了三个儿子,其中,大儿子叫伯夷,三儿子叫叔齐。

叔齐从小聪明好学,孤竹国国君特别喜欢他,一直想立他为太子。当孤竹国国君年老病重的时候,大儿子伯夷不愿兄弟之间争夺王位,便借口为父亲上山挖草药,离开了王宫,再也没回来。孤竹国国君死了,伯夷也没回来,这时,两个弟弟才知道哥哥是有意外出,其实是为了成全父亲的旨意,将王位让给叔齐。可是,叔齐见哥哥如此,心里非常不安,于是趁王宫里的人都不注意的时候,他也逃出去了。

叔齐逃出了王宫,他四下打听伯夷的下落,历尽千辛万苦,终于在深山隐蔽处找到了伯夷。他劝说伯夷回去继承王位,可是伯夷始终不肯,反过来劝叔齐回去。叔齐无奈,只好对伯夷说:"咱俩出走已多日了,现在二哥一定当上了国君,我们还是都不要回去，免得让二哥为难。"于是，兄弟俩一商量，决定前去投奔西伯侯姬昌（周文王）。

伯夷、叔齐拜见了西伯侯，西伯侯见是孤竹国公子来了，热情地接待了他俩。从此，兄弟二人便在周国安下身来。

不久，姬昌死了，他的儿子姬发想称霸，决定出兵攻打纣王和其他诸侯国。伯夷、叔齐怀念孤竹国，不顾一切加以劝阻，并拦住攻打商纣王的军马，大骂姬发不仁不义。可是，姬发仍然决意灭商。他灭掉商朝，吞并了其他诸侯国，建立了周朝。

伯夷、叔齐再也不想在姬发身边待下去了，而老家孤竹国也被灭了，兄弟二人无家可归，只好到处流浪，最后来到人烟稀少、树木丛生的首阳山，在一处山洞里隐居下来。兄弟二人忠贞不屈，宁愿挨饿，也不吃周朝国土上长出的五谷，整天上山挖野菜，摘野果充饥。

深山老林的生活十分艰苦，加上没有饭吃，伯夷、叔齐披头散发，饿得骨瘦如柴。许多年过去了，兄弟二人都成了老人。当地有几户老百姓经常看到伯夷、叔齐不食五谷，只吃野菜，便给他们送去粮食。可是，兄弟二人宁愿饿死，也不食周粟。当时，一位农夫对他们说："你们就吃吧，你们不吃这周国国土上长出的粮食，那你们吃的野菜不也是周国国土上长出来的吗？"

伯夷、叔齐听了农夫的话，觉得言之有理，心里对周朝的愤恨更深了，于是索性连野菜也不吃了，以此来表示对周朝和周武王的不满与反抗。几天后，村民们来到山洞，发现伯夷、叔齐已饿死在山洞里了。

周公制周礼

武王临终时，儿子姬诵年仅13岁，于是他将儿子和军国大事全托付给了自己的弟弟周公姬旦。周公为武王举行了隆重的葬礼，又把诵扶为天子，即周成王（？—前1021）。

周公天资聪明，才华出众，从小受过先王的不少教诲，所以，理起国政来，得心应手,尽心尽力。

为了防止过去的悲剧重演,确保周王朝的长治久安,周公旦反复考虑,又和众大臣多次商议,决定改变商朝兄终弟继的惯例,制定出嫡长子继承制和余子分封制的制度。

按照周公制定的制度,天子正妻所生的长子,称嫡长子,不论长幼,也不管其贤愚,都是天子的正当继承人,其余诸子只能封为诸侯。在诸侯国内,只有诸侯的嫡长子有资格成为下一代的诸侯,其余诸子只能被封为卿、大夫。依此类推,卿的嫡长子仍为卿,其余诸子为大夫。大夫的嫡长子仍为大夫,其余诸子为士,士的嫡长子仍为士,其余诸子就为庶人了。

各级嫡长子为本级的大宗,有资格祭祀宗庙;其余诸子均为本级的小宗,不仅没有祭祀的权力,而且受大宗的支配和约束。周天子是最高一级的大宗,当然就是天下的共主,理应受到所有族人的共同尊崇。这样,奴隶主贵族内部就形成了天子、诸侯、卿、大夫、士这种阶梯式的等级关系。

为了让这种以宗法为基础的统治秩序稳固下来,周公废寝忘食,呕心沥血,又最终确立了各级的服饰以及祭祀、占卜、会盟、饮宴、朝贡、婚娶、殡葬等制度,这便叫作周礼。

有了周礼,奴隶主贵族们有了遵循的法则,内部果然稳定了下来。但是,周礼只针对奴隶主贵族,而与一般的平民和广大奴隶无关,这又让周公皱起了眉头。

就在这时候,召公和太公来见周公,提出要去除封地。

周公很奇怪,忙问这是怎么回事。

召公解释说,外面到处传言周公独揽朝政,是为了将来撇开小成王,自己做天子。既然如此,自己也不必留在这里了。太公也说要离开,不能和周公一起背黑锅。

周公听了这话,犹如五雷轰顶,气得半天说不出话来。

他心想:武王临终前将幼主和国事托付给了我,我为了周国的天下,呕心沥血,一时都不敢懈怠,却换来这样的结果。召公和太公与自己朝夕与共,情同手足,和自己一同制定了嫡长子继承制,为的是使成王将来能稳稳地当天子,怎么现在也听信谣言,对我怀疑起来了呢?他们二人在朝臣中德高望重,若是都离开了王都,朝廷岂不空虚?周室岂不衰败?先王的基业岂不付之东流?

想到这里,他紧紧拉住召公和太公的手,泪流满面。

召公安慰他说:"大家患难与共,生死相知,我们当然不会相信外面的流言,只是成王年幼,对流言很敏感,因此会对周公有所猜忌,你还是要多为自己考虑。"

周公明白了两个人的意思,就告诉他们,自己现在心愿未了,礼法还未制定完整,一旦心愿完成,自己就会离开王都。

于是,召公和太公又继续留在了王都。周公也不顾谣言中伤,只是专心地完善自己的礼法。

由于没有法律约束,平民和奴隶们经常会起哄闹事。周公根据这些问题,制定了墨刑一千条,劓(yì)刑一千条,膑刑五百条,宫刑三百条,大辟刑二百条,总共有三千条之多。这些刑法当然只是针对庶人的,也就是所谓的"刑不上大夫,礼不下庶人"。

周公对商朝的历史相当熟悉,从中学习了很多治理国家的经验。他用商朝典范"义刑义杀"(恰当的刑罚与杀戮)来统治那些被征服的殷人。

他告诫殷商遗民,现在不杀他们,还给他们房子和田地,所以他们一定要老老实实地向周朝臣服,以求得上天的宽恕;如果他们不老实、不顺应天命,他不仅要夺去他们的土地,还要执行上天的惩罚,杀掉他们。

这样,周公对殷商遗民采取软硬兼施、分化利用的政策,逐渐使他们降服了。

周公的礼法在不断完善的过程中取得了很好的效果。

史书上将周公所制的礼法称为"周礼"。

伯禽趋跪

伯禽是周公旦的长子,周武王的侄子。周武王死后,其子周成王即位。当时周公旦受封鲁国,由于周成王年幼,周公旦便留在都城镐京辅佐周成王,派长子伯禽代替他受封鲁国。

周文王姬昌还在世时,周公作为儿子非常孝顺,忠厚仁爱,胜过其他兄弟。到姬发即位,周公作为大臣辅佐姬发,尽心尽力,处理很多政务。周成王时,他作为托孤大臣更是呕心沥血。周公不但治国有方,教子也很独特。

有一年,伯禽和周公的弟弟康叔得空拜见周公三次,可每次都被周公打了出来。伯禽对父亲的做法很不理解,他回想这三次见父亲的情形,似乎没有什么失礼、不周到的地方,可父亲这样做到底是为什么呢?

有人建议他去请教当时一位很有智慧的名叫商子的人。商子告诉伯禽说:"南山的南面有一种树叫桥木,北山的北面有一种树叫梓木,你去看一看吧。"伯禽听后就照着商子所说的来到了南山和北山。他看到桥木长得又高又大,像一个人仰着头;而梓木却长得比较低,像一个人俯身在那里一样。他把自己所看到的告诉商子,商子说:"桥木仰着头的样子正是做父亲的道理;而梓木俯着身子正是做儿子的道理。"伯禽听后恍然大悟。

第二天,伯禽又去拜见父亲,他一进门就很快地走上前去,一登堂就跪下去拜见周公,显得十分谦逊。周公这一次很高兴地让他站起来,并称赞他说:"你一定是接受了君子的教诲指点。"

周公为了得到天下的贤人,忙得吃一顿饭就要停下来三次,洗一次头发要三次绾起头发去见贤人。他教育儿子伯禽一定要懂礼,礼贤下士才能留住人才。周公制礼,真称得上开了礼教的先河。

西周建东都

周朝已经有了国都镐京,为什么还要兴建东都呢?

营建东都的建议,周公早就向武王提过,但被武王否定了。现在周公掌了权,又向成王提出了这一建议。

营建东都的建议为什么又被重新提起呢?那这得从"三监之乱"说起。

周公所制"周礼"中的"嫡长子继承制"损害了管叔鲜的利益,因为如果按照过去的"兄终弟继"的老习惯,武王死了,管叔鲜就顺理成章成为天子了,他对周公监国也颇有不满,凭什么让周公监国呢?他可比周公年长啊!久而久之他就心生怨恨。蔡叔度也因为封地的事对周公心存怨恨。武庚趁机利用他们的不和,暗暗勾结东方的一些部族蠢蠢欲动。此刻周公也恰巧因为"周礼"已经制成离开了镐京。种种因素加在一起,武庚觉得恢复商汤基业的时间到了,他就煽动"三监"和他一起造反。于是就有了历史上的"三监之乱"。

周公东征胜利之后,下令将管叔鲜斩首,将蔡叔度流放,将霍叔处贬为了平民。武庚也早已丧命。周公平定了"三监之乱",那么,他们过去的所辖之地和殷遗民该如何处理呢?

周公觉得以殷治殷是很好的治理办法,只是殷人不能再像过去那样集中,选派治殷的人也必须可靠。这时,他想到了纣王的哥哥微子启,于是周公就把今天河南的商丘一带封给他,国号宋,并让他把一部分殷民带到宋地。

朝歌和旧殷都封给了周公的九弟康叔封,国号卫,还往卫地派驻几万兵士,号称"殷八师",以防殷人和东夷的再度反叛。

新建的卫国位置重要,而康叔封年纪尚小,于是周公就对他进行了长篇训诫。他说:"弟弟呀,我们的父王崇尚德政,坚持任用那些应当得到任用的人,尊敬那些应当受到尊敬的人。他谨慎用刑,只镇压那些应当受到镇压的人,从不伤害无辜。正因如此,周国才由小变大,由弱变强,最终灭掉了商。"

康叔封说:"哥哥请放心,我一定谨依祖上的美德来治理卫国。"

周公又说:"卫国是殷人的故土,到了那里,你要利用殷商的圣明治国之道,去治理殷遗民。要学会随时考察民情,以防不测。你要记住,民怨虽大,只要认真对待,并不可怕;民怨虽小,若掉以轻心,可能酿成大祸。"

康叔封到了卫国以后,周公又亲自赶到那里,把康叔封和其他贵族们召到一起,告诫他们,造酒只是为了祭祀,严禁饮用。我们的先王不喜好饮酒,所以才得到上天的恩赐;殷商圣明的国王不喜好饮酒,才成就了从汤王到帝乙的王业。可是后来的纣王沉醉于饮酒作乐之中,所以惹来了灭国之祸。他又告诉康叔封,不要以水为镜子,而要以人当镜子。要吸取殷商败亡的教训,采取严厉的手段强行戒酒。

康叔封听在耳里,记在心里,严格执行,卫国的民风有了很大的改变。

之后,周公又对许多同姓族弟和东征有功之臣进行了分封。一些新诸侯就封时,又从卫国带走了一些殷民。这样,殷之亡民就被分而治之了。

周公稳定了中原的局面之后，又给了东方的齐、鲁二国很大的权力，让他们能够大胆地治理属地。他封给了鲁公伯禽一些附属小国，并命他随时监视东南夷的动向。他还授予齐国的太公征伐"五侯九伯"的权力。

至此，周王室真的一统天下了，但是他们的统治并不稳固。周公非常清楚，殷人虽被拆散，夷人虽被征服，目前的封侯也都顺从，但谁能保证日后不再出现"三监之乱"呢？

这次东征耗费了大量的财力物力，都是由于国都镐京过于偏西。为了周王朝的长治久安着想，周公决定营建东都。

营建东都是一件烦琐的事情，周公做了周密的安排。他先派召公前往洛邑（在今河南洛阳）察看地形，测量计算，做出建都的规划。然后，他又亲自担负起了营建东都的重任。

洛邑北依邙山，南屏嵩岳，东峙虎牢，南接秦岭，四周是天然屏障，洛邑居中，是东西交通的咽喉要地。

周公来到洛邑，做好准备工作后，将不久前强迫迁居到这里的殷人召集起来，告诫他们："要顺从周王，不许怀有二心，让你们迁居到这里，也是天意。为了四方的诸侯朝贡方便，为了使天下永久地安定，我要在这里修建东都，而你们要担负起建城的使命。顺从，才能保住性命、土地和住所。"殷人不敢抗命，顺从地承担起营建东都的繁重劳役。为了加快营建的进度，周公又从镐京和各诸侯国调来大批奴隶。

经过长期的劳作，东都终于建成了，它包括东西两座城，西边的那座称作"王城"，是周天子召见诸侯、处理政务和居住的地方。东边是"成周城"，占地面积很大，是供王公大臣和强迫迁来的殷人居住的。震慑殷人和随时征讨东方、南方叛乱的"周八师"，他们也住在成周城中。

这样，故都丰、镐一带，称为"宗周"，派六师军队驻扎，称为"宗周六师"，又叫"西六师"。

洛邑居天下之中，不论哪个地区有何动静，都能迅速地派出军队进行镇压。因此，洛邑的战略位置极其重要。从此以后，周朝就有了两座都城，一座是丰、镐的"宗周"，与之相对，洛邑地区则被称为"成周"。

东都建成了，周公再也没有后顾之忧了。

史官诚成王

周公把政权交给周成王后,自己便留在东都,开始精心经营东都。可是,没多久,年老的周公就因过度劳累离开了人世。

为了周王朝的兴盛,周公可谓是鞠躬尽瘁。成王为了纪念周公不朽的功绩,将他葬到了文王、武王的墓地。

周公死后,成王很是悲痛,每当想起周公为了周朝的兴旺披肝沥胆,而自己却听信谣言,多次使他蒙受冤屈时,他就难受得心如刀割。他时时牢记周公生前的教导,处处谨小慎微,尽心地料理政事。

可是,成王到底还是一个刚刚懂事的孩子。日子一长,他就慢慢忘记了周公的那些教导。还好有召公辅佐,政事还没有偏离轨道。

又到了一年一度的诸侯朝贡之日,成王整天都坐在宫中,接见前来朝拜的诸侯,发出一道道圣旨,听着朝臣们的议论,心里非常不耐烦。

好容易挨过一天,成王走出大殿,看着空空的宫殿,他感到万分寂寞。当了天子之后,他时时都受着天子礼仪的约束,过去的小伙伴们也都对他敬而远之了。

这时,小弟弟叔虞跑了过来,成王眼睛一亮,开玩笑地说道:"有何敌情,如此慌张?"

叔虞愣住了,想了一下,才明白天子在和自己闹着玩,于是他双膝跪地,一本正经地说:"敌兵抢走了我们的东西,天子快点想想办法!"

成王见小弟弟如此机灵,心里非常高兴,他顺手拿起一片桐叶说道:"我以桐叶为玉圭,封你为侯,速速带兵前往讨伐!"

叔虞仍然趴在地上,一动也不动。

过了好一会儿,成王提醒说:"快谢恩哪!"

叔虞笑了,抬头说:"是,谢……谢天子的恩!"

说完,他又趴到了地上,咻咻地笑个不停。

成王又提醒他,谢完恩就该起来了。叔虞恍然大悟,原来这一场戏已经结束了。他忙跳起来,两人都开心地笑了起来。

又玩了一会儿游戏后,成王才兴高采烈地回到了王宫。

这时,史官手端木简,上前跪下奏道:"刚才天子封叔虞为侯,不知封在哪国?赐有何物?何时就封?"

成王立刻糊涂了,他瞪着两只大眼,赶忙解释,自己是和小弟弟闹着玩的,不是真要封侯。况且弟弟年纪尚小,担当不起诸侯的重任。

史官一本正经地说:"做天子的,应当说话算数;做史官的,应当有言必录。如果天子说的话,有的是圣旨,有的是戏言,不仅做史官的不知道怎么办,王公大臣和天下诸侯也无所适从。既然天子说出口了,那还是应该正式封侯才对。"

成王听了,张口结舌,无言答对。

史官催促说:"自古以来,天子无戏言,您赶快下旨吧。"

成王红着脸,犹豫不决,真的要下旨吗?

史官说:"如果天子是一个贤明的君王,就应该言出必行;如果天子把天下当作儿戏,臣也无话可说。"

成王的脸更红了,过了半晌,他才询问史官应该把叔虞封到哪里。

史官思考了片刻,说道:"先时唐人作乱,周公灭之,至今无人管理,不妨将叔虞封到唐地。"

于是成王下旨将叔虞封为唐侯。

之后,年幼的叔虞率领一班老成持重的大臣去了唐地。

事情虽然没有引起太大的风波,但史官的话让成王深深意识到,自己已经是天子了,自己今后的一言一行、一举一动,都必须小心谨慎,否则还会闹出这样的笑话。

此时,他又想起了周公的一番苦心,决心以后要虚心学习,让国家变得更加富强昌盛。

召公断民事

周公去世之后,由召公辅佐周天子处理政事。

召公为人谨小慎微,料事果断明快,在他的治理下,建立不久的周王朝经受住了风浪的考验,威立于天下。

这召公不仅处理政事果断明快,处理起民事来也是一样公正无私。

作为一个辅国重臣,召公怎么会处理小小的民事呢?

原来召公一直把周公当作自己的楷模,处理政事也以周公为榜样,事事防患于未然。虽然现在天下无事,但是,召公并不觉得轻松,他知道自己肩上的担子有多么重。他时时记着周公的话:安而不忘危,存而不忘亡,治而不忘乱,尽心辅佐成王,光大先祖的基业。

可是现在的周王朝宫中兴起了歌舞。虽说成王不观舞,不饮酒,可是除了例行的朝拜和祭典,他就无所事事了。如此一来,周王朝能光大祖业吗?能对得起周公吗?

想到这里,召公不由得翻开了周公留给他的竹简,陷入了沉思。

这竹简是周公写的《君奭》,是周公生前对召公的诰辞。当召公看到"在今予小子旦,非克有正,迪惟前人光,施于我冲子"这几句话时,顿时眼前一亮。

周公的意思是说:"我姬旦没有什么本事,也不能做别人的表率,只不过是以前人的光荣传统来开导我的幼小的国王而已。"

召公想起了先祖们的件件往事:公刘率众定居豳(bīn)地(在今陕西旬邑县);古公率众开发周原(在今陕西省境内);文王询樵夫、问渔人,终于在渭水边得到贤臣姜尚;武王亲赴疆场,终于将殷商推翻。先祖们有很多优良传统,不独居王室就是很重要的一条。

召公又想起周公在世时,虽说肩负重任,但也没有深居简出、独守王宫。而自己这么长时间都没有离开过王宫。长此下去,那年幼的成王不知百姓的疾苦,不懂稼穑的艰难,谁能担保他日后不沉迷于享乐呢?他不了解民情,孤陋寡闻,谁能保证他日后不草菅(jiān)人命呢?

召公越想越怕,感到肩上的担子越来越沉重。他决心不再单靠说教,而要以自己的实际行动,让年幼的成王把先祖们的美德继承下来。

第二天早朝,王公大臣们正在议事,内史官报告说:"卫氏遣人来告发,邦氏鼓动百姓造反,董地大乱!"

成王一听,大惊失色,大臣们也议论纷纷。

成王问群臣应该如何处置,有的大臣说董地百姓造反,应派兵镇压;有的大臣则说董地起乱,首在邦氏,理应将邦氏正法。大臣们争论不休,成王也没了主意。

召公本想再听听卫氏使者的陈述,然后建议成王出兵镇压,但他转念一想,邦氏也是一方大族,如果只听卫氏一面之言,就匆忙出兵,未免有些草率。于是,他就对成王说:"常言道:'无稽之言勿听,弗询之谋勿庸。'我想亲赴董地,弄清详情,再禀报大王,商议处置办法。"

成王知道,召公的每句话都是经过深思熟虑的。因此,他犹豫了一会儿,命大将费率三百卫士扈从,保护召公,并授权召公,可以就地处置相关人员。

当时正值暑天,酷热难忍,召公一行走了数日,眼看就要到达董地,召公便命令将车停在一棵甘棠树下,扈从武士们也各自找树荫处歇息,并派出几名随臣去察看前面的情况。

召公正靠在树下休息,忽然跑来一个人,气喘吁吁地在召公面前跪下。扈从武士们赶忙从树荫处爬起,站在召公身边。召公挥了挥手,命他们退下,然后和颜悦色地对那个人说:"你是谁?为什么跑到这里?"

那个人边喘气边说:"我是董地邦氏族中人,我是来向您禀告董地的'内乱'实情的。"

召公连忙询问是怎么回事。

那个人回答说,武王分封诸侯时,把这里的人和土地都封给了邦氏,邦氏虽然待人刻薄,但是还给人们留了一点儿自耕地。后来,邦氏为了购买祭祀用的东西,又把好多属民、奴隶和土地卖给了卫氏。可是,卫氏为人刻薄凶残,他把原来留给人们的那点自耕地没收了,还派出监工,每天用皮鞭抽打人,强迫人们为他们干活。

召公皱了皱眉头，又问："现在那些人怎样了？"

那个人说："近日，东邑的仲氏病亡，卫氏竟将几十个属民卖给仲氏做陪葬。那些人不服，要求回归邦氏，所以才发生动乱。"

召公点了点头，表明自己已经知道了。

这时，随臣们把卫氏也带到了，召公经过核查，证明那个人说的全是实情，就训斥邦氏、卫氏说："田地、庶民全都是天子的赏赐，你们怎么敢私自买卖？殷商之时，肆意殉杀黎庶，致使牧野大战，阵前倒戈，你们莫非也要以此亡我周室不成？"

邦氏和卫氏吓得面如土色，连忙求饶。

召公将邦氏、卫氏贬为庶人，没收了他们的田产、地产。邦氏、卫氏的人连连叩头感谢不杀之恩，不敢再有争议。

由于召公的果断处理，董地的动乱很快平息了下来。

后来，人们将召公休息过的那棵甘棠树保护下来，不准砍伐，以示对召公的怀念。

守住祖先基业的周康王

姬钊，即周康王（？—前996），周成王之子，成王死后即位。

与其父周成王很相似，姬钊在即位前并没显示出过人的能力和资质。为此，周成王自然有些担心他不能继承大业，更怕儿子会成为一个碌碌无为的昏君，把祖宗打下来的江山败在手里，于是周成王考虑让召公和毕公来辅佐自己的儿子。周成王临终前，便要求召公、毕公辅佐姬钊，并将召公、毕公等大臣召到床前，立下遗嘱。周成王在遗嘱中希望周康王在众大臣的帮助下，克服困难，渡过难关，使周王朝强盛起来，成为一代明君。

姬钊即位时，召公、毕公为他举行了隆重的登基仪式，召公、毕公还率领诸侯，跟随姬钊来到祖庙，把文王、武王创业的艰辛告诉康王，又作了一篇文章，告诫姬钊要节俭寡欲，勤理国事，守住祖先的基业。

周康王作了《康王之诰》，除了用大量篇幅来叙述登基事项，还有不少关于加强法律法规和治理整顿军队的治国政策。登基伊始，周康王就已经制订出一套比较合理的计划。之后在他在位的25年间，他一直孜孜不倦地按着既定的方针政策实施着他的治国安邦理念。

由于周文王、周武王在位期间，西周就已经比较强盛，后来再经过周公、周成王的努力，周朝国力得到进一步发展。周康王即位后，继续推行周成王在位期间所实行的国策，再接再厉，使经济得到了更大的发展，国库丰裕，人民安居乐业，社会安定团结，到处呈现一派升平盛世的景象。

当时的鬼方是居于我国西北方的游牧民族，他们长期骑马游牧，骑术精湛，机动性极强，由这些牧民所组成的骑兵战斗力特别强。周成王在位时，周军忙于镇压东方的武庚和管叔、蔡叔、霍叔的武装叛乱，又进攻东部的淮夷等地区而放松了对西北方的控制，结果鬼方乘机对周朝兵力相对薄弱的岐周（今陕西岐山县）以西和陇（今陕西千阳县、陇县）频繁侵扰，给周朝带来极大的损失和威胁。

为了使国家长治久安，周康王果断做出了征伐鬼方的决定。这个决定是经过了一番谨慎的考量和充分准备的：一方面，国内政治稳定，经济繁荣，综合国力不断上升；另一方面，军队经过治理整顿，战斗力大大提高，发动这样一场战争已经是胜券在握了。

于是，周康王命得力将领率领大军进攻鬼方。康王二十五年（前996年），为了消除边患，周康王命盂率领大军进攻鬼方，鬼方也调兵迎战。经过两次大规模作战，周军斩杀鬼方4800多人，俘获其3名首领及部下1.3万多人，还缴获了很多车马和大量牛羊。周军将鬼方驱逐至远离镐京的汧（qiān）陇和岐周以西，周西北边境安宁了下来。

公元前996年，周康王去世，在位25年，病死于镐京，葬于毕原（在今陕西咸阳市、西安市附近）。其子周昭王姬瑕即位，周王室开始走向衰微。

西周铭文

我们的古人究竟是怎样生活的？考古专家们发现的那些文物,会给我们一些答案。

清朝道光年间(1821—1850年),陕西岐山礼村,几个农民正在开荒种地。

烈日当空,农民们忙得汗流浃背。他们挥舞起铁镐,忽然传来了"叮"的一声,人们连忙停下了手中的动作。

几个农民围过来,他们在发出响声的地方挖了起来。他们七手八脚地将发出响声的东西刨了出来,原来是两个大"坛子"。

后来,这两个"坛子"被一个老者买走了,农民们意外得到一笔钱,高兴极了。

经考古学家研究得知,这两个"坛子"就是大、小盂鼎。大盂鼎铸于周康王二十三年(前998年),鼎上有291个字的铭文。

铭文,就是铸或刻在青铜器上的文字,又称金文,旧称钟鼎文,它起源于商代末期,盛行于西周。作为一种字体,它又是从甲骨文演变而来的。

那么,那时候的古人为什么要在大盂鼎上铸上铭文呢?

西周刚刚建立时的根基,与之前殷商相比还很薄弱;而且灭殷也没有经过太艰苦的战斗,西周并没有彻底摧毁殷商的军事力量;政权的基础也比较薄弱。为了巩固新生的政权,周公实行了分封制。

正是在分封的过程中,铭文的铸造才多起来。因为,奴隶主贵族要通过长篇的铭文,宣扬文王、武王等列祖列宗的美德和天命,歌颂他们在军事上取得的胜利。

另外,通过这些铭文,奴隶主贵族可以为自己抬高身价。周初的功臣贵族在灭殷商之前,也不过是先周的小贵族,如今他们被分封授爵,去管辖他们原先从未管辖过的广大地区时,带上铸有他们战功和周天子命令的铭文,这就等于是他们地位和权力的凭证,具有护身符的作用。这有点像后来官府铸造的印。

有贵族向天子进贡,他们就会把进贡的时间、物品的名称和数量都记载下来,用这来表明自己与天子的从属关系。

周代的世袭制度非常严格。那些受封的奴隶主贵族为了巩固自己的地位,也常常通过铭文,记述先祖的功德和个人的政绩,表明自己被封是当之无愧的。

大盂鼎上的铭文记载的是周康王二十三年,周天子对大贵族盂的训诰和赏赐。通过大盂鼎上的铭文,我们对西周时期的文化和经济状况有了初步的了解。

那么小盂鼎上的铭文又是什么呢?

康王赏给了盂许多东西,盂就带着这些赏赐和康王的命令去了封地。

两年后,邻近盂封地的一个叫鬼方的部落强盛起来,他们经常掠夺盂国人民的财产、牛羊和牲畜。

盂特别生气,于是就向康王报告了鬼方部落的不轨行为。康王得知后,大为震怒,于是当即下旨,册封盂为大将军,带领精锐大军去讨伐鬼方。

鬼方虽说强盛了,但与周王朝相比,势力相差很大。双方展开了激战,盂人多势众,武器精良,打败了鬼方部落。他们抓获了鬼方的三位首领,杀死了四千八百多人,还俘虏了一万三千多人,缴获了众多的车马牛羊。

鬼方被征服了,被迫向周朝进贡物品。

小盂鼎就是为了记载这件事而铸造的。从大、小盂鼎上的记载我们知道了西周的历史故事。

最早的机器人

最早的机器人——木制机器人,是由中国人设计出来的!

周穆王(? —前922)西巡时期来到西羌国后,慢慢对无限风光和奇风异俗失去了兴趣,整日在宫中观舞饮酒。

一天,西羌国王带着一位名叫偃师的中年男子求见穆王。原来偃师得知周穆王路经此地,特地给穆王献上一门奇巧之术。

穆王见他身着奇装,举止还带着几分滑稽,便产生了兴趣,就问他有什么奇巧之术。

偃师回禀穆王,说自己有一物,奇妙绝伦,难以用语言描述,大王看后便知。

穆王听后,兴趣大增,就让他赶快呈上来。

偃师转身出了宫外,不一会儿,带了一个年轻人来。

穆王感觉很奇怪,不是来献奇巧之术的吗,怎么又带来一个人?

偃师回答说,这其实是一物,奇巧之术尽在其中。说着,他按了一下那个"年轻人","年轻人"立刻朝穆王跪下,拜了几拜,然后又站了起来。

穆王仔细端详了一番,这明明就是个活生生的人,怎么说是奇物呢?

周围的人也感到很奇怪,不明所以。

偃师告诉穆王,这奇物走动、站立、跪拜,和真人没有两样,而且他还会唱歌跳舞。他又在那"人"嘴边一按,那"人"立刻唱起歌来,歌声悠扬动听。偃师又轻轻按了一下那"人"的肩膀,那"人"便立刻舞动起来,翻身转步,回首扭腰,舞姿动人。

穆王不觉拍着手赞道:"好!跳得好!"

偃师见穆王夸赞,也很高兴,心想:如果再让它表现出人的七情六欲,那周天子必将以为这是一个真人。

想到这里,他就在那"人"的脑后按了一下。那"人"停止了跳舞,接着便直直地盯住站在穆王一侧的盛姬,然后向盛姬伸出手来,做出相邀的姿态。盛姬吓得躲到了穆王背后,大声叫了起来。

穆王顿时火冒三丈,怒道:"大胆偃师,居然以献奇术为名勾引我的美人,将这无礼之徒带入宫室!"

说罢,他就命人把偃师绑起来。

偃师见惹下了大祸,来不及辩解,只好匆忙扯下那"人"的衣衫,原来竟是一个用木块和皮革制成的假人!

穆王惊呆了,火气也一下子全消了,迟疑地问道:"这……这真的是一个假人?"

偃师回答说:"它真是一个木头人。"

穆王围着木头人转了几转,摸了摸,按了按,可是木头人不动也不唱。穆王觉得很奇怪。

偃师告诉穆王,这是因为大王没有触动它的机关。他在木头人的肩部突出的部位按了一下,木头人又跳起舞来。接着,偃师把木头人的机关一一告诉穆王,穆王一试,果真灵验极了。

他玩了一会儿,问道:"这木头人能唱会跳,也有七情六欲,究竟是如何制成的呢?"

偃师说:"制作过程很复杂,短时间说不明白,日后我再向大王细细禀告。"

穆王大喜,又问这木头人里面装了什么机关。

偃师说与常人一样。他拆开假人,里面肝、胆、心、肺、脾、肾、胃,果然该有的都有。

穆王又命偃师将这些部件组装起来,按动机关,于是它唱歌、跳舞同之前一样。

穆王完全被迷住了,亲自动手摆弄起来。把假人的心去掉,那假人便不能说话;把肝去掉,眼睛便不能转动;把肾去掉,就不能走路……

穆王不断赞叹,说这是自己见到过的最奇巧之物,偃师真可谓巧夺天工。于是重赏了偃师。

偃师所制的木头人就是中国的木制机器人,也是世界上最早的机器人。

徐偃王嗜爱动物

古往今来,有很多因为玩物丧志丢掉江山的君主,但其中却有一个例外。徐偃王嗜爱动物,不但没有影响自己的统治,反而巩固了自己的政权。

徐偃王是东方徐国的首领。徐国又叫徐戎、徐夷、徐方,是东夷的一支。周朝初年,徐夷大力发展生产,劫掠小国,力量逐渐强大,并以今江苏省泗洪县一带地区为中心,建立起徐国。

当时周朝兵强马壮,不断向外扩张,不少小国相继被灭,徐国因为偏处一隅,躲过了周朝的侵略。到了周穆王的时候,周室日见衰败,而徐国的范围已有五百里，竟有36个小国家向它进贡。徐国已经对周朝构成了威胁。

然而，徐国新即位的偃王不喜欢管理国政，他把所有心思都放在了猎兔捉鸟、网鱼逮虫上，而且他还精心喂养那些捉来的小动物，从不伤害它们。他常常告诉大臣们，枉杀生灵，就会生出残忍的心肠；有了残忍的心肠，就不能施行仁政了。

朝中大臣们也都投其所好，只要捕到一些虫鱼怪兽，都会献给徐偃王。这么一来，徐国的王宫就成了一个动物园，什么天上飞的，地下爬的，水中游的，真是应有尽有。徐偃王为了喂养这些小动物，有时竟整夜不眠。他哪还有精力去管理朝政呢？

有的大臣很不赞同徐偃王的行为，大将武公便是其中一个。他整日担心徐偃王，忧心如焚。徐国刚刚兴盛，周朝还在一旁虎视眈眈，如果再这样下去，就有亡国的危险。

一天，有大臣禀报偃王，北方鲁国的兵士突然入境，抢走了许多粮食。

偃王问了一下，发现鲁国没有抢走人畜，于是就命令兵士守好关隘(ài)，以防鲁国兵士再来。

过了两天，一个边吏又来上报称，陈国大军突然袭来，掳走了许多百姓，抢走了许多牲畜。

偃王询问了一下，其他人没有受到伤害。又下令兵士严加看护，以防再被掳掠。

大臣们绞尽脑汁，而徐偃王只是一味精心地饲养他那些心爱的小动物。

这天，徐偃王正在宫中观鸟，边吏又进宫奏道："大王，周军突然闯进边关，杀害了许多百姓，现在正在山林中捕猎可爱的生灵呢！"

竟然捕猎生灵？这一下，徐偃王再也忍不下去了。他立即整顿兵马，与大将武公一起杀向边关。

边关在什么地方呢？偃王根本就不知道，武公也正是利用这一点，才编造出这么一个假军情，诱骗偃王亲自率军，挑起与周朝的战事。

周军边将得知徐偃王亲自率军进犯，一面抵挡，一面把消息速报朝廷，请求速派援兵。此时周穆王正在西巡，主持朝政的大臣得到消息，赶忙派出王师，前去阻击偃王，同时派使臣急速去禀报周穆王。周穆王得到消息，大惊失色，慌忙起驾返回。

徐偃王率领大军赶到"边关",本以为自己亲自带着大军赶来,周军就会乖乖地退出徐国地界,不料周军一点儿也不示弱,反而进行了激烈的抵抗。

听着战士们发出的喊杀声与惨叫声,看着士兵们的鲜血和尸体,偃王感同身受,心疼不已,就召来了武公,商量对策。

武公说:"周军又从镐京派来了人马,暂时不会退兵。"

偃王沉默了一会儿,问:"如此打下去,要打到何时?"

武公分析说:"如今周天子不在朝中,周军无主,支持不了太久。而且周军恃强凌弱,掠我边境,国内军民都咽不下这口气,一致要求把周军赶回去。"

偃王觉得国内军民抗战之心值得赞扬,但是看见战士死伤,自己于心不忍哪。

武公劝说偃王,周军强行不义之师,害我百姓,屠我生灵,我们千万不能萌生退意。明天再打一仗,就可以破敌。

第二天,战况更为激烈,战场上血肉横飞。偃王再也看不下去了,便传令退兵。周军见有机可乘,乘势追击。偃王被杀,其子只好率军一边交战一边撤退,最后退到了彭城武原县(今江苏邳州市)东山下,才算安下身来。

偃王虽然战败了,但是一些厌恶战争的百姓反而钦佩他的非战举动,相继来到徐国。

周夷王杀鸡吓猴

周穆王死后,共王繄(yī)扈即位;共王的弟弟辟方又阴谋篡位,后来共王死了,懿王囏(jiān)即位;懿王死后,辟方即位,就是周孝王;孝王之后即位的是周夷王。

周夷王在举行登基仪式的时候闹了一个笑话。

当时,周夷王在步入殿堂的时候,侍立在两侧的诸侯和王公大臣们,一齐跪下叩头,高呼万岁。周夷王见状,非常激动,竟然不知不觉地走下殿堂来,和他们相见。

自古以来,天子都是高居殿堂之上,接受朝拜,哪有走下殿堂的?

登基仪式过后,周夷王想起当时冲动的举动,心中充满了懊悔,当时由于太激动忘记自己是天子,如果侯伯、朝臣们以后不把自己看作天子,那可怎么办呢?

周夷王越想越后悔,暗自决定,要将登基仪式时失去的尊严挽回,要将天子的威风显示出来,要让朝野上下知道自己是一个柔中有刚、刚柔相济的天子!

当时,在同姓诸侯中,最尊贵的是鲁国;异姓诸侯中,最强大的是齐国。周夷王想:如果这两国对我表示臣服,其他诸侯谁还敢怀有二心?

近些年来,鲁国循规蹈矩,抓不到把柄,无从下手。而齐国这几年仗着自己强大,常常吞食邻近小国;齐哀公不辰一向狂傲,出言不逊,和邻国不和。周夷王决定先从齐国下手。

就在这时,齐国的邻国纪国的国君来到镐京,向夷王禀告说:"齐哀公放出风声,说大王缺少天子的威仪,没有治国的才能,他要联络公侯,另立孝王之子。"

周夷王听了,异常气愤,他大骂齐哀公不自量力,然后嘱咐纪侯回去继续打听齐哀公的消息,然后再来禀报。

纪侯说的话当然是假的。纪国是靠近齐国的小国,经常受到齐国的欺负,所以纪侯对齐国怀恨在心;另外,纪、齐都是周王朝的异姓诸侯国,都可与周王室通婚,纪侯若把天子争取过来,与之联姻,自己就有了靠山。因此,纪侯在周夷王面前才添油加醋地说了好些齐哀公的坏话。

周夷王哪有心思考虑这些?他好不容易抓住齐哀公的把柄,怎能轻易放弃!

三年后,诸侯大会又召开了。

宴会上,美酒佳肴,歌舞升平,好一派热闹景象。正当人们喝得醉醺醺的时候,宫廷卫士们抬进来一个大鼎,鼎下烈火熊熊,鼎中沸水滚滚,诸侯们以为是大王给他们加的酒,纷纷赞叹大王的细心。

正当诸侯们议论之际,乐声突然停止,舞女忽然退下,气氛变得死一般沉寂。

这时,一队武士押上一个人来。大家仔细一看,原来是齐哀公,殿堂里的人全都惊呆了。

周夷王从座位上站了起来,厉声喝道:"我大周先祖遵奉天意,裂土封侯,视君侯为股肱,待百姓如亲朋,因而万民拥护,四海宾服。我即位以来,上仰先王洪德,下赖公辅侯佐,尽心国政,未敢懈怠,因而国道昌盛,王道不衰。但是齐哀公竟心怀叵(pǒ)测,妄图毁我千年基业。今天我奉天意,特将齐哀公正法,告慰先王!

另立公子静为侯,治理齐国,安抚百姓!"

周夷王的话音刚落,几个武士便把齐哀公投进了鼎中。

满朝文武和各路诸侯吓得心惊胆战,瑟瑟发抖,好像自己即刻也要葬身鼎中了。

周夷王见他们个个吓得面无血色,心中暗笑,说道:"齐哀公图谋不轨,今日是罪有应得。诸公皆为国家栋梁,不必惊慌,大周社稷还要靠你们辅佐。"

听了这话,诸侯们才安下心来。但是,齐哀公没有图谋不轨,今天却落得这么个下场,诸侯们唯恐厄运临头,大会一结束,就都匆匆回到自己的封国。他们打定主意,以后要更加小心谨慎。唯有纪侯幸灾乐祸,除掉了齐哀公,纪国就没有了威胁。

周夷王原以为杀了齐哀公,诸侯们都会害怕自己,哪知道自己的举动已经引起了诸侯们的不满,尤其是齐国国民都为齐哀公鸣冤叫屈。不久,齐哀公的弟弟公子山起兵,杀掉了公子静,自立为侯。由于齐国远在千里之外,周夷王鞭长莫及,只好听之任之了。

此时鄂侯突然反叛,周夷王忙出军迎击。鄂侯虽被击退,但周朝军队也有很大伤亡。

周夷王杀鸡吓猴的计策彻底失败了,他的威望也因此一落千丈。几年之后,带着深深的遗憾,他离开了人世。

周厉王敛财

周夷王去世后,周厉王(?—前828)即位。周厉王即位以后,奢侈荒淫,挥金如土。很快,周王室的财政就出现了危机,报缺的奏章如雪片般飞进王宫。

周厉王赶忙召集大臣商议对策。

周厉王问大臣,现在府库中粮食短缺,能不能让各诸侯国在近日内把所欠的贡赋送来。

大夫芮良夫回答说:"我已经派使臣催过多次。他们有的说,国内遇上了灾荒,无粮可送;有的说,该送的都送过了,大王新加派的不算数;还有的说……"他停了下来,不敢再说下去。

周厉王连忙问:"还有的说什么?"

芮良夫结结巴巴地说:"他们说国库中有的是粮食,让……让大王派……派大军来取吧!"

周厉王一听,一下子倒在龙椅上。这是要造反哪!

这时,荣夷公给周厉王想出了一个办法:"王畿地域广阔,如果向他们征税,肯定够用。"

芮良夫马上表示反对,因为王畿百姓的赋税早已缴齐了。

荣夷公说:"那就再向国人加派好了!"

芮良夫道:"加派也得有个名目,不能随意加派!"

周厉王见两位大臣各不相让,只好让他们一齐退下。

周厉王回到后宫,仍在为财政大事犯愁。这时,荣夷公送来了一份奏折。周厉王一看,顿时眉开眼笑,他让荣夷公明天给众卿们讲讲这"专利"之法。

此时,芮良夫也送上了一份奏折,周厉王看都没看,就扔在了一边。

第二天早朝,荣夷公站了出来,清了清嗓子,对朝臣说道:"常言道,普天之下,莫非王土;率土之滨,莫非王臣。那么,王土上的花草树木,鸟兽鱼虫,自然也是属于大王的。可是长久以来,人们只是按田纳税,以丁服役。林木、药草、矿石、麋鹿等都是任人使用。这些本属于大王的东西,现在都白白流失了。今后,不论王公大臣,还是市井小民,只要他们在大周土地上采药、砍柴、射猎都必须依法纳税。还有,喝大周河里的水,走大周土地上的路,也得缴纳钱物。"

周厉王连连点头称赞,按照这个办法,国库很快就会充实起来。

但芮良夫却大声表示反对,他上前奏道:"荣大人的'专利'确实是条敛财之道,只是这么做,百姓就没有了活路。荣大人所说的那些东西都是自然万物,它们生在天地之间,人们都应该享受。如果您将它们占为己有,不让天下的人享用,这是要出乱子的。您索取越多,百姓积累的怨恨就越大。天子应把财利分给天下,使百物流通,让百姓都享受到这财利。您不考虑以后的祸害,只顾眼前,您的位子能坐得长久吗?"

周厉王听了很不耐烦,责令他退下,然后命荣夷公为卿,发号施令,执掌大权。

荣夷公本是一个趋炎附势、为虎作伥的坏家伙,如今又有天子撑腰,所以推行起"专利"来,特别卖力。

"专利"的实施,使得周朝上下怨声载道,上至奴隶主贵族,下至平民百姓都怨声连连。

平民百姓辛辛苦苦劳动一年却什么也没得到,他们冬天没有过冬的衣服,吃的是野草苦菜,住的是透风漏雨的茅草棚。奴隶就更悲惨了,他们不但被奴隶主驱使劳动,而且被奴隶主任意打骂,甚至杀掉,连生命都没有保障。

愤怒的人们最终发起了暴动,赶跑了残暴的周厉王。这就是闻名史册的"国人暴动"。

国人暴动

周厉王就是姬胡,是周夷王的儿子,他在位时,骄纵暴虐,对人民采取极端的高压政策,终于引发了一场"国人暴动"。因为他对百姓太残忍,对大臣太严厉,所以他死后,后人给他的评价是"厉","周厉王"这个谥号由此而来。

当时,都城的人都极其厌恶厉王的作为,有时甚至不分场合直接议论他的过失。

有一位叫召伯虎的老臣,是厉王的祖辈。有一次他来觐见厉王时,厉王气愤地告诉他,现在有很多人在议论自己。

召伯虎回答说:"老百姓议论您,是因为他们忍受不了大王的残酷政策。"

厉王听后大怒,决定要处罚这些贱民。

他找来巫师,让巫师到民间去查找议论他的人,并随时将听来的话向他报告。只要查出了是谁在议论自己,他就要把这人处死。

这样一来,国人更加害怕,平时也不敢随意说话了。即使在街上相遇,也只能互相用眼色示意。那些王公大臣们也不再开口进言,诸侯们也不来朝贺进贡了。

都城一下子变得很冷清,厉王听不到议论声,还以为这种高压政策起了作用,心中十分高兴。

于是,他向召伯虎炫耀,自己的办法果然很有效果,能将人们的议论消除得干干净净,现在再也没有人议论自己了。

召伯虎回答说:"其实这并不是好办法。厉王的做法是在堵人们的嘴巴。堵住百姓的嘴,就像堵塞河流,它的后果比堵塞河流还要严重,一旦决口,那些将河流堵住的人,是不会有什么好下场的。大禹在治水的时候,用的是疏通河道的办法,治理国家也应如此,应该让百姓自由讲话。"

厉王自然听不进召伯虎的话。

召伯虎不肯停止劝谏,又继续说:"民众的嘴巴,就像大地的山河,里面有无尽的财宝。您让百姓讲话,就能知道国家政事的好坏。如果放着这么多财富不用,怎么能治理好国家呢?"

说完,他转身就走了。厉王当然很生气,但还是忍住了。

厉王仍一意孤行,他宠信那些只会逢迎拍马的奸佞小人,疏远那些敢于说真话的大臣。

厉王非常看重一位叫荣夷公的贵族,而荣夷公是一个地地道道的小人。

芮良夫曾告诉厉王,荣夷公是个贪图财利的人,不该任用他。但是,厉王根本不听。荣夷公更加有恃无恐,即使他家中已经有了数不尽的财宝,却还想要霸占别人的东西。

芮良夫看不下去荣夷公的作为,又劝说厉王:"只有强盗才霸占别人的财富,荣夷公就是强盗。大王任用他,就是重用强盗。"

厉王不仅不听芮良夫的话,反而升了荣夷公的官,任命他为卿士,主管国家大事。荣夷公做起坏事就更加无所顾忌了。

国民们终于忍无可忍。不久,京城的国民开始暴动了。人们从四面八方冲向王宫,有的人甚至举起了棍子,拿起了刀。城外的奴隶见城中大乱,都纷纷逃跑了。

周厉王知道消息后,向荣夷公询问对策,但是荣夷公也没了办法。这种耍嘴皮子的人是根本靠不住的。

周厉王听着越来越近的喊叫声,只好带了宫眷,由荣夷公等几个侍臣跟随,朝北逃去。

厉王刚刚逃走,愤怒的国人就将王宫团团围住。当得知厉王已经跑掉的消息后,人们立刻砸开宫门,冲进王宫,挥动武器,宫殿里顿时变得一片狼藉。

周厉王逃到了彘(音 zhi,今山西霍州市),躲了起来。

愤怒的人们没有抓到厉王,就去抓厉王的儿子静。他们得知太子静正躲在召伯虎家,便朝召伯虎的宅邸奔去。

人们包围了召伯虎的宅邸,要求召伯虎马上将太子静交出来。

召伯虎看着愤怒的人群,知道肯定得交出太子。他和夫人商量,如果现在将太子交出去,厉王一定会把自己当作仇人,自己也就成了一个小人。侍奉君主的人在危险的时候也不能仇恨君主,所以想将小儿子交出去,换得太子的安全。

夫人一听,心如刀绞,但她信任自己的丈夫,也就依从了。

召伯虎准备好了以后,带着孩子来到门前,他告诉人们这就是太子静,哀求人们不要伤害他。没等他的话说完,人们就一拥而上,将召伯虎的儿子从台阶上抓下来,你一拳,我一脚。顷刻间,召伯虎的儿子就被打得血肉模糊,最终悲惨地死去了。召伯虎看着儿子的尸体,欲哭无泪,昏了过去。

这次国人暴动虽然来势汹汹,但是缺乏严密的组织,更没有周密的计划,只是一哄而上,不仅让作恶多端的周厉王逃走了,还错杀了假太子。

他们将多年来郁积在心中的怒火和怨气发泄了之后,认为冤仇已报,就陆陆续续回到了家中,继续以前的生活。

因为国人暴动使周厉王逃奔到彘地,所以后人又把这次暴动称为"厉王奔彘"。

共和时代

国不可一日无君,等国人暴动安定下来后,共伯和把幸存下来的周公(周公旦的后代)、召伯虎等召来,共同商议对策。

共伯和就是卫武公,卫为姬姓,是周朝初年封国中的一个大国,东方诸侯之首,所以卫武公也称作卫伯。因为卫伯后来住在共(今河南辉县市),所以卫伯也称作共伯。卫武公名和,所以人们就称他共伯和。

国人暴动时,共伯和率军赶到镐京,本来是前来平叛的,但当他来到王都时,暴动已经结束了。于是,他带领部队驻扎在满目疮痍的王宫之中。

共伯和对大家说:"天子已经外逃,又不敢回来,可是,国家不能无主哇!大家说应该怎么办?"

召公心中暗想,太子虽然活着,但年岁尚幼,不能主事;自己和周公虽与荣夷公不是一伙,但身为重臣,未能阻止天子的暴行,百姓对他们一定也有怨气,而共伯和属于卫国,未直接参与朝政,而且他在诸侯中一向威信较高,手下又有军队,由他主事,比较合适。于是他说:"天子在外,不便另立新君,我以为,国事暂由共伯和代理为好。"

周公也十分赞同,共伯和推辞了一番后,只好接受了。

共伯和知道周公、召公一向待民宽厚,德高望重,便命他俩辅佐自己。

虽说是代理,但共伯和实际上行的是天子之职,所以这一年被称作"共和元年"。

这件事发生在公元前841年,汉代史学家司马迁写《史记》,作《十二诸侯年表》,就是从这一年开始的。可以说,中国历史从这一年才有了确切的纪年的。

共伯和执政后,采纳周公、召公的建议,废除了厉王时的"专利"之法,减少了名目繁多的赋税,百姓生活安定,社会慢慢稳定下来了。

共伯和一直想做名正言顺的真天子,但他知道,自己虽属姬姓,但不是正宗,如今天子流亡在外,自己若做起真天子来,就属于僭位篡权。只有厉王死去,他才能真正即位。

周公和召公也在想着代理天子这件事,他们是辅佐周厉王的大臣,很想让厉王早日返回,重理朝政。因此,就向共伯和提议请厉王回来的事。但是,共伯和拒不接受。

厉王在彘地生活了14年,终于一病而亡。共伯和本想趁此机会,正式登上王位。可惜国内发生了旱灾,草木枯焦,饿死的人不计其数。共伯和觉得不吉利,就放弃了这一想法。

这一天上朝时,共伯和问大臣们,有没有好的方法能够让天公降雨。

周公建议说,可以让巫师占卜一卦,看看天公为何动怒,为何降下这等灾难。大臣们都表示赞同。

巫师卜卦之后,装成天神说道:"厉王得罪了天下,所以他流亡到了彘地,不得回宫。可是周朝的社稷还不该终结,为什么不让周王的子孙继承王位呢?"

周公故意问道:"太子在14年前就已经死了,还能立谁为天子呢?"

谁知巫师立即反驳道:"根据卦相显示,太子还没有死,尚活在人间,正因为有人不让太子的事公之于众,才引起天公发怒。"

大家听了,疑惑不解,惊恐不安,莫非太子真的还活着?人们对太子还在世这件事已经不再怀疑,甚至开始抱怨隐匿太子的人。

这时,召公突然跪下,向众大臣坦白说,是自己违背天意,将太子藏起来了。大臣们惊愕不已,开始纷纷指责召公。

周公连忙阻止众人,问召公究竟是怎么回事。

召公流着泪,把当年如何用自己小儿子代替太子的事,原原本本地述说了一遍。大臣们听了,又纷纷称赞他的忠义之举。

大家本来就对太子静没有厌恶的意思,如今又问明了"天意",于是全都愿意扶立太子为天子。

共伯和弄巧成拙,知道天意难违,只好同意了。

太子静即位,共和时代结束了。经过周公、召公的努力,这一特殊历史时期画上了一个圆满的句号。

伯奇流亡

太子静即位后,号周宣王(?—前782)。宣王由召伯虎带大,受到的教育也都是正面、积极的,他知道周代先祖创业的艰难,知道奸佞小人的可恶,还知道那次可怕的国人暴动。所以等到自己即位后,他立志复兴周室,洗刷先王的耻辱。

周宣王三年(前825年),派兵征讨西戎,后又下令征讨猃狁,以重振周朝国威。

征讨猃狁的大将叫尹吉甫,伯奇是大将尹吉甫的儿子。他知书达理,孝顺父母,生母去世后,继母虐待他,他却一点儿也不记恨继母,像对待生母一样孝顺、恭敬她,从而博得了周国人的称赞,他的父亲尹吉甫也很为此高兴。

尹吉甫奉旨北伐,伯奇也想随军从征,他拦住了尹吉甫的马,苦苦哀求父亲,自己已经长大成人,也学得一身的本领,希望父亲允准自己从军杀敌。

尹吉甫没有应允。他看见儿子年纪轻轻,就有报国之志,也很高兴,但是此次北伐,自己不知什么时候能回来,伯奇应该留在家中照料继母和小弟。

尹吉甫北伐胜利后,周宣王赏赐了他很多财物,他带着赏赐,坐上华丽的车子,向家中驶去。

路上,尹吉甫想,自己离家将近一年了,大儿子伯奇一定又有了很大的长进,次子伯封大概也长高了不少,爱妻一定等着和自己述说离别之情……

尹吉甫归心似箭,他不停地催促马车再快一点。很快,府门已遥遥在望,他一眼就看见已站在门口等候的爱妻。

尹吉甫跳下马车,拉住了爱妻的手和爱妻诉说离别之情,但是发现妻子愁眉不展,眼中含泪,似乎受了什么委屈。

尹吉甫看着妻子强颜欢笑,便一再询问是不是发生了什么事,是有人欺负她了,还是家中仆人不听使唤,惹她生气了?

妻子一直摇头,一句话也不说。

尹吉甫见状,更加纳闷了,心想:难道是伯奇与她怄气了?不可能啊!伯奇一直都很懂事,对父母一向恭敬孝顺,即使对这位继母,也总是看作亲生母亲一般。但是,家中再也没有他人了,妻子总不会因为伯封而生气吧?

尹吉甫犹豫了半天,才又问道,是不是伯奇惹她生气了?

妻子听了这话,不再摇头,反而大哭起来。

尹吉甫安慰道:"虽然伯奇不是夫人所生,但论起辈分,你总是他的母亲,如果他有什么不对之处,您尽管教训,不必生这么大的气。"

妻子擦了擦眼泪,说道:"伯奇平时少言寡语,我也一直以为他心地善良,但是他……他……唉,我实在不知道该怎么说。明天我去花园,将军只要隔窗观看,就都明白了。"

尹吉甫听了,虽然满头疑问,但也不好再追问了。

第二天,尹吉甫对两个儿子说,自己要去早朝,散朝后,你们再到书房来。

尹吉甫命人备车,整理好衣服上车走了。然而没走多远,他就让车夫掉头回府。回到府门,尹吉甫蹑手蹑脚地来到花园旁边的一间小房子里,隔窗而看。

妻子正在远处赏花,不一会儿,伯奇来到了花园。

尹吉甫心想,这有什么奇怪的?

伯奇见继母也在这里,忙上前请安。他比继母小不了几岁,见花园中别无他人便想离开。忽然他听到一阵毒蜂的嗡嗡声,忙警告母亲:"小心,有毒蜂!"

继母四处看了一下,问:"毒蜂在哪里?"

伯奇细听了一下,发现那嗡嗡声是从继母的袖管中传出的,大叫一声"毒蜂飞到母亲的袖中了",然后便抓住继母手臂,想要去捉毒蜂。

继母这时装出大惊失色的样子,一边猛力甩袖,一边大声惊叫。

站在远处的尹吉甫只看到他们的动作,听不到他们的对话,见此情形,不由火冒三丈,原来伯奇竟是一个道德败坏的人!

他气愤地抽出宝剑,冲出房间,怒吼着朝伯奇刺去。伯奇见父亲满面怒容,骂不绝口,挥剑朝他杀来,顾不得弄明真相,就慌忙逃跑。

伯奇腿脚灵便,很快甩下了父亲,一口气跑到了城外。他仔细回想刚才发生的一切,才明白这全是继母的毒计。继母为了让亲生儿子伯封继承爵位,所以才设计赶走了他。

伯奇想返回家中,向父亲讲明,这一年多来,自己如何思念他,又如何孝敬母亲,善待弟弟;今日自己被继母骗到花园,因为捉毒蜂才引起父亲误会。但他知道父亲性情暴烈,又宠爱继母,一定无心听自己解释。

伯奇反复思量,最终打消了回家的念头。他无处可去,只得四处流浪,靠乞食和采摘野果充饥,生活极其艰苦。

箭射恶妇

伯奇被赶走了，尹吉甫的妻子又变得笑容满面，对他更是殷勤侍奉。

但是，尹吉甫毕竟是上了年纪的人，他开始想念儿子在身边的日子了。伯奇纵有过错，终归是自己的儿子。外面天寒地冻，他怎么生活呀？

尹吉甫开始暗暗责怪自己，不该对伯奇如此粗暴，他有过错，自己可以慢慢教诲他，况且伯奇一直是个听话懂事的孩子。可是伯奇已经离家一年多，他应该不会再回来了。

尹吉甫心情郁闷，独自乘车去野外散心，无意中听到一首歌，引起他的注意，他开始怀疑是不是自己冤枉了伯奇。尹吉甫急急忙忙赶回家中，叫来几个家奴，厉声问道："在我北伐期间，伯奇对继母是否有过不恭之举？"

那些家奴见尹吉甫满脸怒气，突然问起伯奇的事，以为他一定知道了内情，吓得胆战心惊，于是便如实告诉尹吉甫："伯奇白日习武，晚间攻读，对夫人并无半点不恭之举。"

尹吉甫紧接着问道："那日在花园中，他为何调戏夫人？"

一个老奴战战兢兢地说道："不瞒大人，那日是夫人让我把公子叫去的。在这之前，夫人还让奴才捉了几只黄蜂，拔掉毒针，放入自己的袖中。"

尹吉甫气得怒目圆睁，心中明白了，妻子一定是见自己立了战功，得了晋封，便想除掉伯奇，让伯封继承爵位。

尹吉甫一气之下，想将那个老奴砍死，但转念一想，罪在恶妇，如果这时杀死老奴，她知道后，肯定又会编出花言巧语欺骗自己，应该先将她除掉。

他斥退了家奴，想去杀妻子。但他又想到，妻子虽然恶毒，但与自己毕竟是夫妻，如果此事传出去，岂不是要让外人耻笑？

尹吉甫左思右想，终于拿定了主意：除去恶妇！但怎样才能既除去恶妇，又使家丑不外扬呢？

尹吉甫绞尽脑汁，终于想出了办法。

他来到花园，命人把妻子召来，对她说，自己回来这么久，还不曾习练过武艺，不知道还能不能拉开弓。如果再不练习，这把老骨头恐怕就要散架了。

说着，他顺手拿起了一块木板，让妻子把它放到花园中心的平台上作为箭靶。

妻子嘴上称赞着尹吉甫的忠心，心里却在想，如果他能重赴沙场，他就不会在身边碍眼了，而且说不定能及早死去，这样伯封也能早日承袭爵位。想到这里，她面带微笑，拿着木板，向平台走去。

尹吉甫眼见她已经登上平台，立刻张弓搭箭，一箭射出，正好射入恶妇后心！

恶妇大叫一声，从平台上栽了下来。

尹吉甫假装大惊失色，立刻扔下手中弓箭，叫道："夫人！夫人！"

家奴们听到叫声，都围了过来。

尹吉甫大声喝道："还不快快救夫人！"

家奴们将恶妇抬了过来，但是那支箭从前胸穿出，肯定救不活了。

尹吉甫假装大怒，说道："你们都到哪里去了，竟然让夫人亲自动手，惨遭不幸！"

家奴们连忙跪倒，请求饶命。尹吉甫趁机抽出宝剑，将那个老奴杀死，大声说道："以后再不好好办事，这人就是你们的下场！"

他射死了恶妇，杀死了老奴，也就没再为难其他家奴。

不久，尹吉甫命人把伯奇找了回来，父子俩重归于好。

鲁武公立嗣

鲁武公的正妻年过四十后，才为他生下一个儿子，名字叫括。

老年得子，鲁武公欢喜非常，把括看作自己的命根子。

第二年，年轻貌美的爱妾又为他生了一个儿子，名字叫戏。

依照祖法，应该立括为世子，国内的王公贵族也多次催促武公，尽早将括的世子身份确定下来。可是,鲁武公却一直难下决心,因为括天性愚笨,自从有了小儿子戏后,他就不再喜爱括了。

鲁武公有心顺从爱妾之意,立戏为世子,又怕承担破坏祖宗之法的罪名,引起王公贵族的反对。就这样,立世子的事就被一拖再拖。

这一天,早朝过后,他来到后宫,爱妾早早地就带着戏迎到宫门前。

戏见到武公,忙跪下叩头请安。武公见到戏,顿时眉开眼笑,连忙让他起身。

戏听话地站了起来,说道:"父王上朝辛苦,孩儿已命人备好香茶,好让父王润润嗓子。"

武公一听,更是高兴。高兴之余,他想起了刚才上朝时不愉快的事,不禁又满面愁容。

爱妾看出武公有心事,早已明白了几分,说道:"大王,朝臣是不是又催促立世子的事了?"

武公叹了口气,说道:"是呀。"

爱妾说道:"大王意欲立谁为世子?是括还是戏?"

武公道:"朝臣都提议立括为世子,而且按礼法也该立他为世子……"

话还未说完,爱妾的眼圈红了,眼泪吧嗒吧嗒掉了下来。武公见爱妾伤心,忙安慰她,虽然朝臣们提议,但是自己并没有答应。

爱妾抽噎着说:"括呆痴愚笨,戏聪明伶俐,如果括当了世子,鲁国恐怕不会再有现在的繁荣太平。"

看着武公点头表示赞同,爱妾忙说:"大王既然知道,为什么不把戏立为世子呢?而且一拖,就拖了十几年。"

武公也很无奈,因为祖上有法,立长不立幼,括虽然愚笨,但他是长子,自己也没有办法。

爱妾说着说着,又哭了起来。

武公心烦意乱,在厅中来回走动,烦躁地考虑着对策。

爱妾又说道:"大王身为一国之主,立个世子还要别人同意吗?"

一言提醒了武公,武公想到了一个好办法。为了堵住大臣们的嘴,他决定去请天子定夺。

爱妾疑惑地问道:"天子会同意吗?"

武公胸有成竹地说道:"会的,一定会的。"

此时,周宣王的大军刚刚凯旋,恰好新建王宫已经落成,各路诸侯纷纷前来祝贺。周宣王就在新宫中设酒摆宴,庆贺有功将士,招待各地诸侯。

前来祝贺的诸侯,一般是由左右辅臣相陪,唯有鲁国武公来时,把自己的两个儿子也带来了。

周天子和鲁武公本来都属姬姓,仔细算起来,宣王还得称武公为叔父。鲁武公的儿子,也算是周宣王的堂弟了。因此,周宣王格外热情地招待了鲁武公和他的两个儿子。

庆功宴会过后,周宣王将鲁武公父子三人留在镐京,观赏京都风景,叙谈离别之情。

一天,鲁武公来到了王宫,对宣王说道:"臣年纪已大,至今尚未立世子,这次特地把两个儿子带来,请天子定夺。"

宣王一听觉得很是奇怪,先祖早就定下了立长不立幼的规矩,为什么让我来定夺呢?想到这里,宣王说道:"你是有什么为难之处吗?"

鲁武公回答说:"自己的长子名括,次子名戏。括虽然是长子,但是痴呆愚笨;戏虽然是次子,可是聪明伶俐。按照自己的想法,一国之君应该像大王这样德才兼备,臣民才能顺服,国家才能兴旺。"

周宣王明白了鲁武公的意思,说道:"立世子事关重大,关乎国家的兴衰,我们必须慎重。明天你将两位公子带进宫来,我再和他们细细叙谈一番。"

第二天,武公的两个儿子来到了大殿上。前两天,宣王对这两位公子并未过于留心。今天留心一看,委实不同:老大畏畏缩缩,显得呆痴愚笨;老二却举止大方,聪明伶俐。他又当面考问,戏才思敏捷,应对自如;括却支支吾吾,不知所云。

周宣王想,鲁侯如此看重我这个天子,我也应给他个顺心丸。于是,他让两个孩子退下,对武公和众大臣说道:"依照先祖的规矩,本应立长子为世子,但是鲁国是东方屏障,国君必须德才兼备。戏虽然是次子,但才干远远胜过括,按照我的意思,可以立戏为世子。"

武公听了这话,喜出望外,赶忙谢恩。

有一个叫仲山甫的大臣提出异议,立长不立幼是先祖周公定下的法度。鲁国是周公的后裔,又号称礼仪之邦,更应遵守这一规矩。如果鲁国将这一法度变更,其他诸侯国都效法,那该怎么办?

宣王大怒,对大臣们吼道:"我是堂堂周天子,难道连一个诸侯国的世子也不能废立吗?"大臣们再也不敢提出反对意见了。

于是戏就成了鲁国的世子。

姜后自责进永巷

在古代,永巷一般是专门幽闭宫妃的地方,一般人都不会想进去。但是姜后为劝谏周宣王,竟然自愿进永巷。这究竟是怎么回事呢?

周宣王即位后,经过几年的征战,诸侯朝贡,四夷咸服,周宣王终于实现了"中兴"周室的理想。

此时,周公、召伯虎、毛公、方叔等一班元老大臣也已经去世,周宣王跟前也没有了直言进谏的人。于是在几个大臣的怂恿下,不好玩乐的周宣王开始白天射猎,晚上观舞,竟然沉迷其中,不可自拔。

这一天,宣王备好了箭,正准备出发,农官虢(guó)文公突然上奏道:"严冬已过,大地回春,大王准备什么时候籍田哪?"

籍田是周朝的风俗。每年春初,天子到王田上铲一下土,一来表示不忘先祖遗风,二来祈求苍天保佑。

可是宣王已经对游猎上瘾了,于是他不耐烦地说道:"今年的籍田就暂且免掉吧!"

虢文公听了一愣,急忙说:"这万万不可呀!先王一向以农为本,认为仓廪充实,才能征则有威,守则有财,享祀优裕,百姓安居,所以总是三时务农,一时讲武,籍田未敢放弃过呀。"

宣王听了,心中非常生气,但又觉得虢文公说得有理,不好反驳,于是他决定让虢文公代行籍田之典,自己带着人马打猎去了。

夜深了,周宣王才返回王宫。姜后听说宣王今天又出去游猎了,就劝宣王今夜要早早歇息。宣王向姜后笑了笑,点头答应。

没想到,晚宴刚过,周宣王的兴致又上来了,命众美女浓妆艳抹,齐集宫中歌舞,直到半夜才罢休。

第二天,早朝时,大臣齐集大殿,周宣王却还在睡梦中。宫中侍卫没有办法,只好把宣王唤起。宣王睁眼一看,已是日上三竿了,赶忙起床,可头脑仍然昏昏的,只好由侍卫搀扶着上朝。众公卿果然已在朝堂等候多时了,周宣王羞愧难当,哪还有心思听政?草草走了个过场,就宣布退朝了。

宣王正沮丧地回后宫,突然被姜后的傅姆拦住了。

傅姆是陪伴在王后身边的品行端正的年长妇女,她的主要职责是代王后传达言语,帮助王后处理后宫内务。

姜后的傅姆又怎会拦住宣王呢?

原来,姜后昨夜回宫之后,左等右等,也不见宣王来,就派傅姆去请。傅姆来到宣王宫时,见宣王正高兴地观赏歌舞,回去就禀告了姜后。

姜后对傅姆说:"如果只是一时之乐,倒也无妨。但是大王已玩乐上瘾,朝中元老大都过世,无人谏劝,大王执迷不悟,朝政荒废,国家定会又生事端!"

傅姆连忙安慰姜后:"大王英明神武,只是一时糊涂,如若有人提醒,定会痛改前非,重理朝政的。"

姜后叹了口气,说道:"大王沉溺于酒色之中,是因为我对宫妃管束不严。我决定去永巷,等候天子定罪,你去禀告大王,让大王尽早知晓。"

傅姆哽咽着答应了。

所以,宣王一下朝,傅姆就拦住了他,禀告说道:"王后说,她无才无德,未能整肃内廷,致使宫妃恣意,长夜歌舞,使得大王龙体损伤,朝政荒废。王后深感罪过深重,现已脱下盛服,正在永巷等候大王定罪。"

宣王本来已经有了悔意,现在听傅姆这么一说,心中更加懊悔,自己不听王后劝告,与宫妃长夜作乐,才耽搁了政事,这不能怪罪于王后。

于是,他命傅姆转告王后,误朝失国,全是自己的过错。自己已经知道王后的心意,接受王后的劝谏,让王后赶快整衣回宫。

傅姆谢过恩后,就快步去请姜后回宫了。

正是有了姜后的劝谏,宣王才远离了女色,将心思放在了治理国家上。

杜伯的故事

周宣王晚年,西周的国势又衰落下来,北方的犬戎趁机来犯,宣王组织反击失败,决定御驾亲征,大臣杜伯劝谏宣王从长计议,宣王不听。

宣王出征后,有一个宠妃看见杜伯年轻英俊,就想引诱他,被正直的杜伯拒绝了。恼羞成怒的宠妃便在宣王面前哭哭啼啼地说杜伯的坏话。宣王听后暴怒,不察虚实,就叫人把杜伯抓了起来,关在一个名为焦(今河南陕县以南)的地方,并且命他的臣子薛甫和司工锜拷问杜伯,一定要将杜伯治罪。

杜伯的朋友左儒,见杜伯遭此奇冤,心怀愤懑,就挺身而出,在宣王的面前替朋友申辩,反反复复,力争了好几次,可是固执的宣王全然不听左儒的忠谏,反而责备他说:"违背主上,袒护朋友,说的就是你了!"

左儒回答说:"我听人说,主上行事有道理,朋友行事没道理,那么就顺从主上,惩罚朋友;反过来,假如朋友行事有道理,主上行事没道理,那么就只好站在朋友这边,违背主上了。"

宣王听了勃然大怒,厉声说:"好大胆子!赶紧改变你所说的话,给你一条生路,如若不然,那只有死!"

左儒淡淡一笑,说:"我听说节士决不糊里糊涂地死去,但也决不轻易改变他的主张以求活命。死就死吧,我将用死来证明我的朋友杜伯确实是无罪的,也将用死来证明大王杀杜伯是错误的。"盛怒的宣王不由分说,就把无辜的杜伯杀了。左儒因为宣王不听忠谏,还误杀忠良,回到家里,愤而自杀。

杜伯临死时曾恨恨地说:"大王杀我,真是冤枉我了!假如人死了以后无知无识,那就罢了;如果死后还有意识,不出三年,我一定要让大王明白他杀害无辜的罪恶!"

时光像流水,转眼间三年时间过去了,杜伯临死时候的那些话,人们也早就淡忘了。

一天,周宣王和众多诸侯在圃田(在今河南中牟县西)一带打猎,出动了好几百辆车子,随从的有好几千人,旌(jīng)旗羽旄(máo),铺山盖野,遍地都是。到了太阳正当顶的中午,忽然在人群和车群当中,出现了一辆奇怪的车子:马是白色的,车也是白色的,车上却坐着一个穿红衣、戴红帽,手上拿着弓箭的人。大家一看,正是三年前死去的杜伯。

杜伯的外貌和当年并没有两样,只是脸上显出一种肃杀之气。人们吓得四下逃散,田野上的车马乱成一团。杜伯赶着车子直追周宣王的车子,周宣王回头一看,脸色立马变得惨白,他正想拈(niān)弓搭箭,射退这可怕的冤魂怨鬼,哪知道杜伯的车子风驰电掣(chè)般早追过来了。杜伯这边弓如满月,箭似流星,嗖的一箭射去,不偏不歪,正中宣王的心窝。宣王握着箭柄,扭曲着眼鼻,身子向后一仰,然后又向前一仆,就伏在自己的马车上不动了。一阵阴森森的风吹过去,杜伯的马车霎时间消失了踪影。四野的诸侯车马重新聚拢过来,诸侯们查看车上中箭的宣王,他刚刚断气,身体还是温热的。后来人们把宣王的尸体抬回去检查后发现,宣王在中箭后痛苦地一仰一俯之间,连脊梁骨都折断了。

烽火戏诸侯

公元前782年,周宣王去世,第二年,他的儿子姬宫湦(shēng)即位,即周幽王(?—前771)。在西周统治的近三百年中,最腐败、最衰落的年代就出现在周幽王执政时期。

周幽王是个昏君,他即位后不理朝政,整天只顾吃喝玩乐。他命令大臣广选美女送到宫里,让他尽情享乐。那些被选来的美女当中,有个叫褒姒的,美貌绝伦,周幽王非常宠爱她。

褒姒生性不爱笑,整天眉头紧锁,这可把周幽王急坏了,他想了很多办法想使褒姒有个笑脸。然而,办法想了不少,可就是不见效,周幽王无计可施。一天,朝廷里有个叫虢石父的大臣来了,此人奴颜媚骨,专会奉承拍马,出鬼主意。只见他低头弯腰,跟周幽王耳语了一阵,周幽王听了之后连连称赞说:"妙!妙!真是妙主意,事成后一定重赏。"

这天,周幽王带着褒姒来到骊山的城楼上,城楼上备满了水果、点心。周幽王和褒姒对饮起来。接着,周幽王又命人在烽火台上点起火来,一时间,狼烟四起。

在古代,为传递军事情况,往往在军事要地,每隔一段距离建一座高大的台子,叫作"烽火台"。一旦有敌进犯,白天则举烟,夜里则举火报警。

这时候,烽火台上狼烟升起来了,四方的诸侯以为是北方的敌人犬戎打过来了,便带领人马,一齐奔向骊山救援。当各路大军赶到骊山脚下时,才发现这里太平无事,根本没有外敌入侵,抬头朝城楼上一看,周幽王和褒姒正在喝酒,旁边还有舞女跳舞助兴呢!诸侯和士兵们见了非常气愤,掉过头来就往回走。可是,后面仍有毫不知情的援兵朝骊山脚下赶来。一时间,进的进,退的退,成千上万的兵马在这里乱成一团。诸侯上当受骗的情景,终于使褒姒笑了起来。周幽王第一次见到褒姒的笑容,心里高兴得无法形容,当场重赏了虢石父。

不久,犬戎真的对周朝发动了进攻。犬戎大军一直打到骊山脚下,周幽王连忙命人点起烽火。

狼烟又升起了。可是,诸侯们都以为跟上回一样,便不再相信周幽王了。结果没有一路援兵来救,犬戎的军队攻占了骊山一带,杀了周幽王,抢走了褒姒,接着又攻下了都城镐京。

周幽王死后,他的儿子姬宜臼即位,即周平王(?—前720),公元前770年,周朝迁都洛邑(今河南洛阳一带),历史上把周朝迁都前称为西周,迁都后称作东周。

第3章 东周：春秋

公元前770年,周平王东迁洛邑(今河南洛阳),历史上称平王东迁以前为西周,以后为东周。中国儒家文化的创始人孔子曾经编写了一部记载当时鲁国历史的史书,名叫《春秋》,而这部史书中记载的时间跨度与一个历史阶段——从公元前770年到公元前476年的这段时间大体相当,所以后人就将这一历史阶段称为春秋时期。春秋时期基本上是东周的前半期。春秋时期各国的兼并与斗争,造就了齐桓公、晋文公和楚庄王等霸王。

箭射周天王

西周时期,全国最高统治者是周王。周王对外自称"天子"或"天王",表示他以天之子的身份君临天下,即《诗经》上所说的:普天之下,莫非王土;率土之滨,莫非王臣。周幽王末年,犬戎进扰,局势大乱,天子的权威一落千丈,周王朝在春秋初期竟然被自己分封的诸侯——郑庄公(前757—前701)打败,当时的天子周桓王甚至被郑国的将领射伤了。

郑国(今陕西华县东,周平王东迁后,封在今河南新郑)是周宣王分封的一个诸侯国。西戎打进镐(hào)京(在今陕西西安市长安区西北)的时候,郑桓公(？—前771)为了保护周幽王,死在了乱箭之下。桓公的继承人郑武公听说父亲被西戎杀死,亲率军队赶来打败了西戎,给父亲复了仇,并拥戴周平王(？—前

720)为天子。郑武公死后,郑庄公寤生继续当周朝的卿士。

由于郑国三代国君都在中央朝廷担任要职,郑国在朝中建立起了自己的势力,郑庄公经常借天子的权威为郑国谋利,因此与周平王之间产生了矛盾。为了达到相互信任的目的,周平王只好把自己的儿子送到郑国去做人质。郑庄公为了表示对天子的尊重,也把自己的儿子送到周平王那里做人质,史称"周郑交质"。

周平王死后,周桓王即位,他对敢于挑战天子权威的郑庄公十分不满,想要任用虢(guó)公忌父代替郑庄公在朝廷主持政务,而郑庄公自然也不甘示弱,不光拒绝朝觐和纳贡,还派军队抢割了周王室领土上的麦子和谷子。

周桓王得到消息后勃然大怒,认为郑庄公欺人太甚,他觉得郑国实力虽然强大,但是自己可以利用天子的权威号召天下诸侯为自己战斗,相比下来,势单力薄的郑国根本不是自己的对手,所以桓王下令各路诸侯讨伐郑庄公。

郑庄公听说天子率领各路诸侯讨伐自己,于是召集手下大臣商量办法。有人说:"单凭我们一个国家,怎么能抵挡天子和各路诸侯的大军呢?现在马上向天子赔礼道歉,赔偿损失,也许还来得及。"还有人说:"我们得罪天子已经很久了,天子早就想把我们消灭掉,现在就算谢罪恐怕也来不及了。"

有个名叫公子元的大夫说:"依我看,天子和各路诸侯人数虽多,但不是我们的对手,只要按照我的计划,这场战斗一定能够胜利。"

郑庄公大喜,赶紧让他分析一下形势。公子元说:"现在天子召集的各路诸侯,以陈、蔡、卫三个诸侯国为主,天子把这三个诸侯国的军队部署在阵地的两侧。可是陈国刚刚发生内乱,军心不稳;蔡国和卫国本来只想通过这场战斗捞点好处,并不会真心为天子出力。我们只要集中兵力攻打两侧,先打垮陈国的军队,蔡国和卫国的军队很可能就会不战而退。这时我们再集中兵力消灭周天子的军队就容易了。"

郑庄公认为公子元的话很有道理,就按照他的计划做了部署。

到了开战的这一天,周桓王亲临战场,让虢公林父和周公黑肩在两侧指挥陈、蔡、卫三国的军队,自己带领中军向郑庄公进攻。而郑庄公摆出了一个"鱼丽之阵"(古代将步卒队形环绕战车进行疏散配置的一种阵法),以战车为冲阵,步兵环绕战车疏散队形。郑庄公在中央挥动大旗,曼伯和祭仲率领的精锐部队立刻从两侧发起猛攻,陈国的军队果然一触即溃,蔡国和卫国的军队很快也败退下来,周桓王陷入了三面包围之中,经过一番苦战,最终败逃。在战斗中,郑国将领祝聃(dān)弯弓搭箭,射中了周桓王的肩膀。负伤的周桓王落荒而逃,祝聃想要趁机追赶,却被郑庄公制止了。

郑庄公说:"君子不应当冒犯上级,何况对方是周天子呢?现在国家保住了,也就该收手了。"

于是郑庄公主动派出祭仲为使者去慰问周桓王和他的将士。周桓王吃了大亏,又拿郑庄公毫无办法,只好自己找台阶下,接受了慰问,并对郑庄公的无礼行为表示原谅。

射中周桓王的那一箭,意味着周天子的势力衰弱到了无法与强大的诸侯抗衡的地步。各路诸侯听到了郑国战胜天子的消息,都蠢蠢欲动,周天子的权威荡然无存,诸侯争霸的时代即将到来。

郑庄公掘地洞见母

郑国是春秋初期第一个企图称霸的强国,郑国的兴盛和郑庄公密切相关。郑庄公名叫寤生,在当时,因为他母亲武姜生他时难产,因此很讨厌这个儿子,而对小儿子段钟爱有加。

段,又名太叔、段叔,是个勇敢的美少年,《诗经》中有两篇赞美他的诗歌。从诗中看,他善于打猎,又善于驾车,十分惹人注目,也难怪武姜特别疼爱他,武姜向郑武公请求立他为世子。但是武公认为国君还是应当由长子继承,祖宗的规矩不能破,就没有同意。

后来武公去世,寤生即位,也就是郑庄公。武姜替段请求分封到制邑(今河南荥阳西北)去。庄公说:"制邑是个军事要塞,把段封到那里恐怕不行,除这个地方之外的任何地方都可以给他。"结果武姜要了京邑(今河南荥阳东南),郑庄公无奈,只能把京邑封给了段,于是人们称段为"京城大(太)叔"。

大夫祭仲对此感到忧虑,对郑庄公说:"京邑是一座大城,按道理讲应该由您亲自管理,段叔被封到那里会成为国家的祸害。"

郑庄公说:"这是我母亲的意思,我虽然不愿意,但也不好违抗她。"

祭仲回答说:"您的母亲姜氏一直希望段叔取代您的位置,一定不会因此而满足的!您应该及早处置,不要让祸患滋长蔓延。"

郑庄公考虑了一下,答道:"如果多做不义的事情,必定会使自己垮台,你姑且等着看吧。"

"多行不义必自毙"这个成语就来自郑庄公的话。果然,在武姜的支持下,段叔的野心渐渐滋生起来。他将领土向西北部扩张,让附近的城邑归附自己。这时候,大臣公子吕也开始感到不安,就问郑庄公:"一国不容二君,您到底怎么对待段叔?如果您要把国君的位置让给他,我们只好直接去投奔他了。如果您自己还想当国君,那就及早把段叔除掉。"

郑庄公却仍然不慌不忙地说:"没有关系,他会自己垮台的。"

段叔不知道郑庄公一直在等待自己起兵作乱,以为他懦弱无能,于是准备袭击都城,取代郑庄公,武姜和段叔约定到时候会作为内应打开城门。谁知郑庄公早已在他们身边安排了密探,把他们的计划摸得一清二楚。庄公拿到了二人串通作乱的证据后,说:"终于等到这一天了!"他以迅雷不及掩耳之势发兵攻打京邑,京邑的百姓全都拥护郑庄公,背叛了段叔,段叔只好逃到鄢地(今河南鄢陵县),可是郑庄公紧追不舍。段叔只好再度逃跑,逃得远远的,他离开了郑国来到共地(今河南辉县市),在这里居住了下来,后人因此称他为共叔段。

处理了段叔,郑庄公开始处置他的母亲武姜。他当时十分痛恨武姜,就把她放逐到城颍(今河南临颍县西北),并且对天发誓说:"我不到黄泉绝不和你相见!"

可过了些时候,郑庄公气消了,又感到后悔,想把母亲接回来,可是已经当众发下了毒誓,也不好公然改变。

颍地的地方官颍考叔听说了这件事,就借献贡品的机会求见郑庄公。郑庄公接见了他,并留他吃饭。颍考叔吃饭时把肉留下来收着。郑庄公问他为什么这样做,颍考叔答道:"我家有老母,因为家贫,她每天只能吃些野菜之类的东西,从来没吃过这么好的食物。现在您赐给我这么好的食物,我自己在这享受,老母亲却尝不上一口,一想起来我就心酸,所以我要带一些回去给老母亲吃。"

郑庄公感慨地说："你比我好哇,有母亲可以孝敬,可是我就做不到哇!"颍考叔问他怎么回事,郑庄公便把武姜的事情告诉了他,并且现在感到很后悔。颍考叔答道:"这很容易解决,您不是发誓说不到黄泉绝不和母亲相见吗?只要挖一条地道,挖出了泉水,在地道中相见,就不算违背了誓言哪。"

郑庄公依了他的话,走进地道去见武姜,赋诗说:"大隧之中,其乐也融融。"武姜走出地道,也赋诗道:"大隧之外,其乐也泄泄(音 yì,愉快之意)。"从此,他们恢复了母子关系。

齐桓公登基

齐桓公(?—前643)即位前的国君是齐襄公,齐襄公即位之前因与弟弟公孙无知争宠结下了仇,齐襄公一上台,就降了公孙无知的爵位和俸禄,公孙无知十分气愤,但当时也无计可施,只好忍了下来,等待报复的时机。

齐襄公是个荒淫无道的国君,他和自己同父异母的妹妹——鲁桓公夫人文姜私通,被发现后,齐襄公找了个机会谋杀了鲁桓公,从此齐鲁结怨。齐襄公杀了杀死鲁桓公的刺客彭生,给了鲁国一个交代。齐襄公虽荒淫无道、昏庸无能,却凭借逐渐崛起的国力时时想要称霸天下。他借与诸侯订立盟约的机会杀害了郑国的国君子亹(wěi),又两次与鲁国等诸侯国一起攻打卫国,并且讨伐不服从自己的纪国,又与鲁国发生边境冲突,结果胜负未分。这几场战争虽取得了一定的成果,但是也使得齐国内部潜藏了不安定的要素。

齐襄公曾经违反与大臣连称、管至父的约定,引起二人的怨恨,于是他们与公孙无知一起谋划除掉齐襄公。他们趁着齐襄公打猎受伤坠车的机会,突然率军队袭击他的宫殿。

杀死齐襄公后,公孙无知自立为国君。可是公孙无知没有得到国人的普遍支持,没过多久,他也被部下杀害了。一时间齐国陷入了群龙无首的局面。

于是朝中的大臣们只好通知齐襄公的另外两位弟弟——公子小白和公子纠。

公子小白和公子纠一样,也是因不堪忍受齐襄公的暴虐统治才出逃的。公子纠的母亲是鲁国人,所以他在管仲、召忽的陪同下逃往鲁国;而公子小白则在鲍叔牙的保护下逃往莒国。现在齐襄公和公孙无知相继被杀,两人同时接到了回国继承君位的通知,也就是说谁先回国谁就能够成为国君。于是两帮人马就像比赛一样,快马加鞭赶回齐国。

鲁国到齐国的距离比莒国到齐国的距离远,公子纠和他的部下都很着急。于是管仲站出来说:"我有个好办法,我带领少数部队快速赶上公子小白并袭击公子小白,如果把他杀死,能够继承君位的就只剩下您了。"公子纠同意他的办法。于是管仲先带领一些人马,昼夜兼程,追上了公子小白。

公子小白猝不及防,急忙和鲍叔牙等人组织反击。在激战中,管仲一箭射中了公子小白,公子小白倒在车上一动不动,管仲大喜,以为公子小白已死,任务完成了,就收兵回去了。谁知管仲只是射中了小白的衣带钩,小白急中生智,装死骗过了管仲,并快马加鞭赶到齐国,成为新的国君,这就是后来的齐桓公。

公子纠以为公子小白已死,就不慌不忙地往齐国进军,到了边境才知道公子小白已经被立为新的国君,不禁大吃一惊,但仍然企图放手一搏,就在鲁国的支持下进攻齐国,结果被齐桓公在乾时这个地方打得大败。鲁国害怕齐桓公向他们复仇,就听从齐桓公的意思,杀了公子纠,把公子纠的老师管仲装在囚笼里引渡到齐国,而支持公子纠的另一个家臣召忽在鲁国的狱中自杀。齐国的内乱至此总算结束了。

管鲍之交

公子纠和公子小白是春秋时期齐襄公的两个兄弟。当时辅佐公子纠的是管仲,辅佐公子小白的是鲍叔牙。管仲和鲍叔牙是好朋友。

管仲(?—前645)和鲍叔牙年轻时合伙做过买卖。鲍叔牙富有,本钱出得多;管仲贫穷,本钱出得少。但赚了钱后,管仲分到的钱却很多。鲍叔牙手下的人不服气,说管仲贪财。鲍叔牙为管仲分辩说:"管仲家里等着钱用,是我乐意多分给他的。朋友之间应该互相帮助,怎么能说他贪钱呢?"

管仲领兵打仗,三战三败三次逃跑,许多人说他贪生怕死。鲍叔牙为管仲分辩说:"谁说管仲贪生怕死?他母亲老弱多病,所以他不得不自己保命去侍奉她。"

最能体现两人友谊之深的,是齐国公子纠和公子小白的争位之战。

公元前686年,齐襄公不幸死于内乱之中。管仲辅佐的公子纠和鲍叔牙辅佐的公子小白都心急火燎地赶回齐国争夺国君的位子。管仲对公子纠说:"公子小白在莒国,离齐国很近,万一让他先回到齐国,事情就麻烦了,请公子允许我先带一支人马去截住他。"

果然不出管仲所料,公子小白正赶在公子纠之前赶往齐国。路上,他们遭到管仲的阻挠。管仲张弓搭箭,瞄准公子小白射去,只见公子小白大叫一声,倒在车里。管仲以为公子小白已被射死,就不慌不忙地护送公子纠返回齐国。他哪里知道,他射中的只不过是公子小白的衣带钩罢了。待到公子纠等人兴冲冲进入齐国的时候,公子小白早已当上了齐国国君,也就是历史上的齐桓公。

齐桓公即位后,经鲍叔牙举荐,加之齐桓公宽大为怀、不计前嫌,管仲被委以掌管国政的重任。管仲感动地说:"在我因公子纠囚禁受辱的时候,鲍叔牙并不认为我不知羞耻。生我者是我的父母,真正了解我的是鲍叔牙呀!"

管仲尽心尽职地辅助齐桓公治理国家,使得齐国变得越来越富强了。

曹刿论战

公子纠在齐襄公即位后一直住在鲁国,鲁庄公本来是支持公子纠的,但没想到公子小白继承了齐国的国君之位,成为了齐桓公。齐桓公即位之后,骗鲁庄公说他非常痛恨管仲,希望庄公能把管仲押送回齐国。当时齐强鲁弱,鲁庄公不敢得罪齐国,便把管仲送给了齐桓公。但齐桓公一直对鲁国收留公子纠一事耿耿于怀,于是便想讨伐鲁国。

管仲拦住他说:"主公才即位,本国还没安定,列国还没交好,老百姓还不能安居乐业,怎么能在这时候去攻打别人呢!"

此时,齐桓公刚即位,本想露一手,显得他比公子纠强,好叫大臣们臣服于他,要是依着管仲先把政治、军队、生产之事一件件都办好了,那还不知道要等到什么时候呢。于是,公元前684年,齐桓公就拜鲍叔牙为大将,让他带领大军,往鲁国的长勺(今山东莱芜东北)打过去。

鲁庄公非常生气地对大臣们说:"齐国太过分了,我们一定要战斗到底。"

听到鲁庄公要进行战斗的消息后,曹刿请求觐见庄公。他的同乡对他说:"大官们自会谋划这件事的,你又何必参与其间呢?"曹刿说:"大官们目光短浅,不能深谋远虑。"于是入宫觐见鲁庄公。

曹刿问鲁庄公:"您凭什么条件同齐国打仗呢?"庄公说:"衣食这类东西,我不敢独自享用,一定把它们分给别人。"曹刿回答说:"这是小恩小惠,不能普及百姓,百姓是不会跟从您的。"庄公说:"祭祀用的牛羊、玉帛之类的东西,我不敢虚报,一定对神诚实。"曹刿回答说:"这是小信用,还不能使神信任您,神是不会保佑您的。"庄公说:"对于大大小小的诉讼案件,我虽不能一一明察,但一定根据实情来处理。"曹刿回答说:"这是忠于职守的一种表现,可以凭这个条件打一仗。作战时请让我跟随您前去。"于是鲁庄公带着曹刿一起前往长勺去抵抗齐兵。

他们到了长勺,扎下军营,摆下阵势,远远地对着齐国的兵营。两国军队的中间隔着一片平地,这平地好像是一条干涸的大河,两边的军队好像是河堤。齐桓公知道对面的鲁军不敢先动手,就下令击鼓,准备冲锋。

鲁庄公听到对面的鼓声响得跟打雷似的,就急着叫这边也击鼓进军。曹刿拦住他说:"等等,他们这会儿士气很盛,咱们出去,正合了他们的心意,不如这时候先等着,别跟他们交战。"于是,曹刿下令不许吵嚷,不许出战,只叫弓箭手守住阵脚。齐兵随着鼓声冲过来,可瞧着对方阵势稳固,没法儿进攻,就退回去了。

过了一会儿,齐兵又击鼓冲锋,可是鲁国的军队好像在地下扎了根似的,动也不动,一个人都没出来。齐兵白忙了半天,鲁军就是不迎战,齐军使不出劲儿去,只好又退了回去。齐桓公并不灰心,他说:"他们不敢打,也许是等着救兵呢。咱们再冲,不管他们出来不出来,一直冲过去,准能赢!"于是打了第三通鼓。齐兵已经冲了两次,都腻烦了。他们以为鲁兵不敢交战,冲出去也没有什么用,可是命令又不能不服从,大家都懒洋洋地往前冲,谁知道对面忽然"咚咚咚"地传出了惊天动地的鼓声,鲁国的将士"哗"的一下子都冲了出来,就跟秋风扫落叶似的,把齐国的队伍打退了。

齐兵拼命往回逃,鲁庄公就要追上去。曹刿说:"慢着,让我瞧瞧。"他就跳下车来,察看了一会儿敌人的车轮印子,又跳上车去,往前细细瞧了一会儿,才下命令说:"快追!一直追上去!"鲁军就这么追了三十里地,把齐军打得落花流水,缴获了齐国许多兵器和车马。

鲁国打了个大胜仗,可鲁庄公并不明白为什么会胜利,他问曹刿:"头两回他们打鼓,你为什么不让咱们也打鼓?"

曹刿说:"临阵打仗全凭一股子劲儿,打鼓就是叫人起劲儿。打头一回鼓,将士最有士气,第二回就差了,第三回就是把鼓敲得震天响,将士们也没有多大精神了。趁着他们没有士气的时候,咱们一鼓作气打过去,怎么会不赢呢?"

鲁庄公和将士们都点头赞许,可是大伙儿还不明白,齐军逃了为什么不立刻追上去。曹刿说:"齐国是个大国,他们逃跑也许是个计策,说不定前面还有埋伏。可当时我瞧见他们战车的轮子印乱了,旗子也倒了,知道他们是真的败了,这才毫无顾虑地让大军追上去。"鲁庄公非常佩服地说道:"你真是个精通兵事的人才。"

九合诸侯,一匡天下

齐桓公不计前嫌,对管仲施以厚礼,封他为大夫,让他秉持国政。当时的齐国地盘并不很大,管仲利用齐国地处海滨的条件,发展盐业和渔业,还通过贸易等积累财富,达到富国强兵的目的。《管子》一书中就讲述了多个关于齐国利用经济战搞垮对手的例子。

管仲执政的时候,善于利用机会,转失败为成功。齐桓公即位之后面临齐鲁争霸的形势,齐国虽然起初在长勺之战被击败,但随后的三四年内,齐国多次打败鲁国,迫使鲁国割地求和。齐桓公十分高兴,与鲁人在柯地(在今山东东阿县西南)举行盟誓。但是意想不到的事情发生了,在盟会上,鲁国的武士曹沫用匕首挟持了齐桓公,逼他归还鲁国被侵占的土地。

齐桓公被迫答应,盟誓结束后,他想立刻发兵讨伐鲁国并杀死曹沫。这时管仲规劝他说:"盟约是信义的象征,如果背弃诺言发兵伐鲁,不过是逞一时之快,只会在诸侯中会失去信誉,今后我们和诸侯盟誓就没有意义了。"

齐桓公经过考虑,听从了管仲的意见。诸侯们听说齐桓公连这样的盟约都愿意遵守,都相信齐国讲信用,愿意为齐桓公效劳。齐桓公七年,齐国召集诸侯在鄄(音 juàn,治今山东鄄城县北)地会盟,天下诸侯纷纷响应,齐桓公迈出了称霸的第一步。

齐桓公为了得到诸侯的拥护,总是努力帮助别的国家。

齐桓公二十三年(前663年),游牧民族山戎进扰燕国,燕庄公连续战败,只好向齐桓公求援。山戎与燕国的主要战场在今天的河北北部和辽宁西部一带,距离齐国路途遥远,而齐桓公毅然拔刀相助,经过一番苦战,把山戎逐出了孤竹(今河北卢龙县东南)以北,燕国得以保全。燕庄公十分感激齐桓公,以迎送天子的规格越过国境,将齐桓公送入齐国的领地。齐桓公同管仲等人商议认为,礼法规定诸侯之间相送不能越过边境线,为了显示齐国尊重礼法秩序,应将燕庄公送别时经过的齐国地区送给燕国,并告诫燕庄公遵守祖先召公时代留下来的传统。诸侯从此对齐桓公更加信任。

当时的楚国名义上是周朝的属国,实际上不受周朝的控制,楚国国君早就称了王,与周天子平起平坐。由于楚国实力强大,南方各诸侯国都不是其对手,所以周天子拿楚国毫无办法。

齐桓公为了显示自己的力量,就率领诸侯征伐楚国。楚成王感到十分奇怪,派使者去问齐桓公:"我们楚国跟你们齐国相隔很远,一向无冤无仇,为什么派兵攻打我们呢?"

管仲答道:"齐国祖先姜太公受封到齐国时,就被告知,当诸侯违反朝廷法度时,就由我们齐国来讨伐。楚国如今有两件事情必须交代:第一,为什么不向朝廷进贡包茅(古代祭祀时用来过滤酒浆的茅草)?第二,当年周昭王南征时死在江中,此事是否与你们楚国有关?我们要问个清楚。"

使者回去报告楚成王,楚成王不禁大笑。因为楚国不守礼制的地方有很多,比如侵占江汉一带诸侯的领地,这在朝廷看来应该是一件大事,现在齐国放着这些大事不管,却来过问这两件无关轻重的小事,显然并不是真的与楚国兵戎相见,不过是借此向天下诸侯显示实力罢了。

于是楚成王这样答复管仲:"包茅的事情确实是我们不对。可是周昭王当年乘坐的船在江中沉没而死,跟我们毫无关系,再说这件事情已经过去了几百年,你们要问的话就去问河神吧!"楚成王派屈完带兵与齐国对抗,两个强国剑拔弩张,可是互相忌惮,都不敢真正动武。

齐桓公向屈完炫耀自己强大的军队和武力,屈完说:"您的行为符合正义才会胜利;如果您蛮不讲理地跟我们动武,我们楚国有方城(楚国修筑的长城)作为要塞,有长江和汉水作为天险,您真的确定能打败我们吗?"

齐桓公和管仲本来就不是真的想去啃楚国这块硬骨头,现在楚国已经为了包茅的事情道歉,齐国在威势上占尽了上风,于是就与楚国达成协议,双方罢了兵。

齐桓公三十五年(前651年)夏,齐桓公与诸侯在葵丘(今河南民权县东北)盟会。周襄王赐给齐桓公祭肉、装饰华丽的弓箭和只有天子才允许使用的车辆,而且特许齐桓公不必下拜谢恩。秋天,齐桓公再次与诸侯在葵丘盟会,周襄王又一次派人参加。这两次会盟标志着齐桓公的霸业已经完成,他终于成为春秋时期的第一位霸主。

齐桓公的成就很大程度上要归功于管仲,因此齐桓公给了他丰厚的赏赐。管仲逝世后,齐国仍沿用他的政策,很长时间里都保持强盛的国力。

老马识途

公元前651年,齐桓公召集各诸侯国订立盟约,与会的诸侯国达成以下协议:尊重周天子,扶助王室;抵御山戎等族,不准他们向中原进攻;帮助弱小的和有困难的诸侯国。由此,齐桓公坐上了"春秋五霸"的第一把交椅。

公元前663年,齐桓公正在与管仲议事,燕国使者求见,说山戎进扰燕国,燕国连连战败,眼看百姓要遭殃了,请求齐国支援。

齐桓公决定亲自统率军队援救燕国,管仲和大夫隰朋也随同前往。

齐军一路进军畅通无阻,灭掉了与山戎结盟的令支小国。齐军发现令支国君已逃往孤竹国,便向孤竹国进发。孤竹国君慌了手脚,后采纳大将黄花的计谋,引诱齐军到达孤竹国北边一个叫旱海的地方。人们传说,凡是进入旱海的人,没有一个能活着出来。

齐桓公果然中计,大军在崇山峻岭的一个山谷里转来转去,最后迷了路,再也找不到归路。管仲派出几路兵马去探路,可探来探去都无结果,犹如进入迷宫一般。时间一长,军队的给养出现困难。情况非常危急,若再找不到出路,大军就会困死在这里。

管仲非常着急,他苦苦思索,忽然眼睛一亮,大声说:"有办法了!臣闻老马识途,当地的马对这一带的地形肯定熟悉,咱们只要选几匹老马带路,一定能带领大军走出山谷。"齐桓公同意试试看。管仲立即挑出几匹老马,解开缰绳,让它们在大军的最前面自由行走。这一招果然灵验,老马们左转右拐,不出两个时辰,便带着齐军出了谷口。

齐军出了山谷,顺原道返回孤竹国都城。孤竹国君听见城外鼓号声惊天动地,赶到城墙上一看,发现齐军已到城下,将城围得水泄不通了。天亮了,齐桓公带兵入城,打败了孤竹国的军队,并杀死了孤竹国君,孤竹国就这么被灭了。

事后,齐桓公对燕庄公说:"山戎已经被赶跑了,这一带五百多里的土地都是你燕国的了,一定要守住。"燕庄公说:"您打退了山戎,救了燕国,我们已经感激不尽了,这块土地理所当然是属于贵国的。"齐桓公说:"齐国距离这里那么远,我是鞭长莫及呀。燕国作为朝廷北边的屏障,管理这个地方是您的本分。您一方面向周天子朝贡,一方面做诸侯国北边的屏障,这样最好。"燕庄公不好再推辞,只好接受。于是,燕国一下子增加了五百多里的土地,变成了大国。

愚蠢的宋襄公

宋国和卫国都是以商朝遗民为基础建立的诸侯国,在春秋早期的中原地区也很有影响力,但是终究没能成为一流强国。

公元前643年,齐桓公去世,齐国发生内乱,宋国国君宋襄公大喜过望,认为宋国的出头之日已经到了,就率领好几国诸侯联军进入齐国,拥立齐孝公,宋国成为当时最有影响力的中原国家。

宋襄公一心想着能同齐桓公那样,会盟诸侯成就霸业。公元前639年,宋襄公要召集诸侯会盟,邀请楚国一起参加,他的大臣公子目夷劝告他说:"齐桓公的霸业是以雄厚的国力为基础的,我们宋国还很弱小,召集会盟也许会招来祸患哪!"

宋襄公不听他的意见,得意扬扬地召集诸侯会盟。谁知楚成王(?—前591)根本不把宋襄公放在眼里,他说:"我在南方称王称霸,连齐桓公都吓不倒我,就凭小小的宋国也敢来命令我?这回一定要把他羞辱一番。"在会盟仪式上,楚成王当场把宋襄公抓了起来,把他当作人质出兵攻打宋国。国君被抓,宋国国内顿时乱成一团,好在楚成王当时对中原领土并不感兴趣,在鲁国的调停下把宋襄公放了。

宋襄公受了奇耻大辱,于是就想发兵攻打楚国来报仇。当时郑国惧怕楚国,想要支持楚成王做霸主。宋襄公心想攻打楚国之前先征服郑国好了,于是发兵攻击郑国。

楚成王支持郑国,于是也派名将成得臣带兵救郑,宋楚两国在泓水(在今河南柘城县西北)开战,这就是著名的"泓水之战"。

楚军率先渡河,公子目夷向宋襄公建议:"敌众我寡,应该抓住他们渡河的时机发起进攻。"

宋襄公没有听从他的意见。宋军眼巴巴地看着楚军渡过了河。楚军开始布阵,公子目夷又建议:"现在总可以进攻了吧?"宋襄公却说:"等他们完成布阵再打。"

宋军又眼巴巴地看着楚军摆好了阵势。宋襄公这才下令出战,结果被打得大败,宋襄公本人大腿受伤,好不容易才逃了回来。

宋国人都怨恨宋襄公,宋襄公却说:"君子不应该乘人之危,不应该攻击已经受伤的敌人,同时也不应该杀害头发已经斑白的老年人。我们宋国虽然是已经亡国的殷商后裔,但也要有自己的操守,不能攻打还没布阵的军队。"

公子目夷无奈地说:"打仗追求的就是胜利,您说这些空泛的大道理有什么用呢?真的照您的话去做,不如干脆给楚国人当奴隶算了,还需要打仗吗?"

次年,宋襄公因为旧伤复发而死,宋国称霸的梦想彻底破灭了。

仙鹤乘车

卫国是春秋早期中原地区的一个国家,卫国的祖先是周武王的弟弟康叔,周公旦把康叔分封到卫地,康叔居住在黄河、淇水一带,治理当地的殷商遗民。

周幽王时期犬戎作乱,郑国和卫国联手出兵打败了犬戎。后来郑国一度强大,卫国却因为内乱始终兴旺不起来。尤其是到了卫懿公时期(前668—前660年),卫国差点被灭掉了。

卫懿公即位之后奢侈玩乐,不理政事。他特别喜欢仙鹤,像对待官员一样对待仙鹤,给它们加上大夫的头衔,发放俸禄,还让仙鹤乘坐官员们用的车辆,无论贵族还是平民都对卫懿公的行为极其不满。

当时西北方的游牧民族狄人实力正强,不仅抢掠了弱小的邢国,还时常袭扰强大的晋国,如今又打到卫国来了,他们人多势众,来势汹汹。卫懿公赶紧组织军队抵抗,但由于战备松弛,被打败了。

卫国跟齐国是亲戚关系,跟宋国的关系也很好。宋国听到消息最先发兵,连夜赶到卫国,可是狄人早已把卫国国都抢劫一空,带着战利品回去了。宋国立卫戴公为新的国君,收集了从都城逃难来的遗民,总共只有七百三十人,再加上从共(在今河南辉县市)、滕(在今山东滕州西南)两地来的人民,总共也就五千人,住在曹地(在今河南滑县)。这个时候齐桓公的救兵也到了,齐桓公主动承担起卫国的防御任务,派出三百辆战车、三千名步兵驻守在曹地,防止狄人再度进攻,同时又给卫国提供了大量的物资,卫国这才免于破亡,可是卫国从此一蹶不振,再也没有强大起来。

齐桓公饿死宫中

公元前685年,齐桓公即位。他任用管仲为相,使得齐国日益强盛。他打出"尊王攘夷"的旗号,帮助燕国击退了山戎;打败了狄人,拯救了邢国与卫国;征伐东南的莱和莒等国,一战就使得三十一个国家臣服;又率领诸侯击溃了蔡国;征伐楚国,阻止了楚国向北扩张;还制止戎人进扰,安定了整个东周王室。他在位期间,多次大会诸侯,成了春秋五霸之中第一个霸主。

然而,这位历史上的风云人物,在公元前643年,被活活饿死在了自己的王宫之中。

公元前645年,齐国大政治家管仲病重不治,齐桓公向他征询应该由谁来继承相位,并举出了易牙、开方和竖刁三人让管仲回答。管仲说:"易牙曾经把自己的儿子杀了来做成肉羹献给您吃,用来讨您的开心,这个人是不近人情的;而开方是卫国的公子,他背叛了亲人来做您的大臣,同样也是不近人情的;竖刁为了与您亲近把自己阉割了,这也是不近人情的。您不可以重用他们三人,并且要远离他们。"管仲刚死了一年,齐桓公就将管仲的意见抛到了一边,重用了这三个坏人。

齐桓公选立继位人时也很不果断。齐桓公曾经与管仲商量立郑姬的儿子昭为太子,可是卫共姬想让自己的儿子无诡当上太子,便勾结易牙和竖刁暗中活动。

公元前643年,齐桓公病重,无诡等五个公子争夺君位,易牙与竖刁则乘机作乱。他们堵塞了宫门,加高了宫墙,不许任何人进入王宫。桓公病重,又饿又渴,又没有人照顾。有一个宫女翻墙来到了桓公的居室,告诉他说,易牙和竖刁堵住了宫门,拿不到任何吃喝的东西。桓公这时才慨叹自己用错了人,觉得死后也无颜去见管仲了,因此用衣袖蒙住了自己的眼睛,饿死在了宫中。

桓公死后,五公子争夺君位,谁也不去理会桓公的后事。桓公的尸体开始腐烂生蛆,蛆还爬出了房门。直到他死后的第67天,易牙与竖刁扶立无诡为国君,公子昭逃到了宋国,无诡才将齐桓公的尸体装入棺材之中,等待厚葬。第二年,宋襄公(？—前637)帮助公子昭返国并且登位,这就是齐孝公。同年8月,在齐孝公的主持之下,齐桓公才被正式安葬了。

骊姬之乱

晋献公(？—前651)有三个儿子:申生、重耳和夷吾。申生是太子。这三个儿子都很有出息,本来晋国并不存在继承人之争的问题,可是晋献公晚年时这种现状被改变了。

公元前672年,晋献公攻打骊戎,骊戎战败求和,把两个美女送给了晋献公,这两个美女就是骊姬和她的妹妹。晋献公对她们非常宠爱,尤其是对骊姬言听计从。不久,骊姬为他生了一个儿子,名叫奚齐。骊姬当然希望奚齐能被立为太子,她贿赂两个近侍对晋献公说:"曲沃、蒲城和屈城都是军事要地,应该让三位公子分别驻守。"晋献公认为有道理,就把太子申生派往曲沃,公子重耳驻守蒲城,公子夷吾则去了屈城。这样,三位公子都远离国都,与晋献公的关系就日渐疏远了。而晋献公和骊姬、奚齐住在晋国的国都绛(今山西翼城县东南),有些大臣私下已经看出,太子申生恐怕要被废掉了。

晋献公和骊姬让申生东征西讨,申生每一次都得胜而回。大臣里克劝谏晋献公说:"太子是您未来的继承人,让他亲自带兵征讨是不合适的。他向您请命就显得自己没有权威,不向您请命又显得您没有权威,万一他打了败仗,将来继承国君后就难以号令军队,请您以后不要让太子带兵打仗了。"

晋献公却说:"我有好几个孩子,他们都有继承的资格,并不一定要让申生来继承。"

里克见到申生,把献公的话告诉了他,申生说:"我就要被废掉了吗?"里克说:"您现在只有加倍小心,让国君抓不住您的错处,您就安全了。"

晋献公和骊姬商量,想要废掉申生,另立奚齐为太子。骊姬心里很高兴,却假装哭泣,说:"申生有功无罪,已经得到诸侯和百姓的认可,怎么能因为我而轻易废掉太子呢?您要是真这样做,我就自杀以避开猜疑。"

其实骊姬表面称赞太子申生,暗地里却派人散布申生的坏话。

后来,骊姬让太子给父亲送一些祭肉,骊姬暗地里叫人在祭肉里下了毒,等献公回来了,让厨师端给他吃。骊姬说:"这是从远处来的,应该让狗先尝尝看。"

献公觉得她说得在理,就把祭肉拿一点给狗吃,结果狗当场死了。献公又拿了一点让奴隶吃,奴隶也被毒死了。

骊姬放声大哭:"想不到太子这么狠毒,对自己的父亲也要下毒。您现在已经老了,他都等不到您去世再继承王位,现在就要杀死您。他这么做完全是因为我和奚齐的缘故,我看我们母子俩还不如早早离开这个地方,到其他地方去避难好了。"

献公大怒,要杀太子申生,申生听到消息赶紧躲到了新城(在今山西闻喜县东北)。献公没抓到他,就杀了申生的老师杜原款。

有人对申生说:"你并没有毒害父亲,赶快向献公说清楚,也许就没事了。"申生说:"我父亲年纪大了,骊姬是他身边不可缺少的人,他现在不再信任我了。"

又有人对他说:"还不如趁早投奔别的国家。"申生说:"我背负着弑君弑父的污名,谁还敢收留我呢?我现在只有自杀了。"不多久,申生就自杀了。

重耳和夷吾听说出了这么大的事情,赶紧去朝见晋献公,想要进行调解。结果骊姬对献公说:"申生对您下毒的事情,重耳和夷吾也参与了,您赶快把他们抓起来审问。"重耳和夷吾听到消息后不敢进都城,就分别逃到了他们的封地蒲城和屈城。

晋献公以为重耳和夷吾参与了弑君一事,就派兵攻打蒲城和屈城。蒲城的宦官勃鞮(dī)忠于晋献公,逼迫重耳自杀,重耳翻墙逃了出去,勃鞮只砍掉了他的袖子,没有伤到他本人,重耳逃到了狄人的地盘上。而夷吾在屈城坚决抵抗,晋献公攻打了两次才把屈城打下来,夷吾跑到了梁国,受到秦穆公(?—前621)的间接保护。

秦晋交兵

公元前 676 年,晋献公即位,娶齐姜为夫人。齐姜生女儿伯姬及儿子申生。后来,晋献公把女儿嫁给了秦穆公,从此秦国和晋国世代通婚,后世称之为"秦晋之好"。尽管这样,这两个强国也曾多次交手,其中秦晋第一次大战的双方领袖就是秦穆公和曾经受过他保护的晋惠公夷吾(? —前 637)。

这是为什么呢?原来晋献公死后,骊姬的儿子奚齐做了国君,可是国内的大臣们都不支持他,以里克为首的大臣杀掉了奚齐和骊姬,派人迎接重耳作为新的国君。可是重耳担心国内局势还是不稳,自己没有什么靠山而难以立足,就推辞道:"我违抗父亲的命令出奔在外,父亲死了我也没有尽儿子的义务,我没有资格当国君哪!"

于是里克找到夷吾。夷吾也担心接班不顺利,就向秦穆公许诺道:"请您帮助我坐稳国君的位置,我愿意把河西一带的领土割让给秦国。"正好齐桓公担心晋国局势不稳,也派兵过来帮助夷吾,于是夷吾就在里克、秦穆公和齐桓公的共同支持下即位,这就是晋惠公。

可是晋惠公一即位就背弃了约定,他对秦穆公说:"当初我把河西一带的土地许诺给您,可是如今大臣们说:'晋国的土地是祖宗留下来的,您逃亡在外,凭什么擅自将土地许给秦国?'我争不过他们,只能向您道歉。"

秦穆公虽然很不高兴,可是并没有说什么,只是暗自把这笔账记在了心里。

接着,晋惠公不放心杀死奚齐拥护自己即位的大臣里克,他赐给里克一把宝剑,对他说:"你拥护我即位是有功的,可是,两个国君(奚齐和他的弟弟悼子)和一个辅政大夫(荀息)都死在你手里,做你的国君可真不放心哪!"

里克明白他的意思,于是拔剑自杀了。

惠公不只让里克自尽,还诛杀了邳郑和七舆大夫,人民开始不信任他了。邳郑的儿子邳豹逃到秦国,劝秦穆公伐晋,秦穆公认为时机不成熟,没有答应。

惠公四年(前647年),晋国发生了大饥荒,向秦国请求买进粮食。百里奚说:"天灾是常有的事情,救灾恤邻是每个国家都应该做的。"邳豹因为痛恨晋惠公,说:"赶紧趁机讨伐晋国才是正道。"

最后秦穆公做出了决定,他说:"晋惠公虽然不仁不义,他的百姓却是无罪的。"于是把粮食卖给了晋国。

第二年,秦国发生了饥荒,晋国反而丰收了,秦穆公向晋惠公请求买进粮食,晋惠公却想趁机攻打秦国。晋国的大臣庆郑说:"您是借助秦国的力量才当上国君的,您当初还违背了对秦国的诺言。去年我们闹饥荒的时候秦国好心帮助了我们,现在我们应该尽力报答,怎么能反过来攻击秦国呢?"

另一个大臣虢射却说:"当年我们遇天灾是天意把晋国赐给秦国,秦国没有抓住这个机会。如今天意要把秦国赐给晋国,我们怎么能违反天意呢?"晋惠公听了虢射的话,不光拒绝给秦国借粮,还要出兵攻打秦国。秦穆公大怒,忍无可忍,于是在晋惠公六年(前645年)春天大举伐晋,几个月的时间就深入晋国境内,一直打到了韩原。

晋惠公的军队连续打了好几个败仗,这才找来庆郑,晋惠公问道:"秦军深入国境,怎么办?"庆郑说:"这是您不听我的话自找麻烦,我能有什么办法?"

晋惠公十分生气,出兵前占卜谁可以做他的战车右卫,占卜的结果是庆郑应该做,晋惠公却说:"庆郑对我出言不逊,不能让他做车右。"

晋惠公的战车用的马名叫"小驷",来自郑国,庆郑说:"一定要用本国的马驾车,本地产的马熟悉道路和水土,体格强壮,便于指挥。外来的马不熟悉本国的指挥方式,到时候可能会出问题。"晋惠公不听。

秦晋两军在韩原交战,秦军的数量比晋军少,作战却比晋军勇猛,因为晋国遇到灾荒受到秦国的帮助,而秦国遇到灾荒后晋国却以怨报德,所以秦国人个个义愤填膺,相反,晋国人却士气低下。晋惠公乘坐的战车果然因为战马不习惯作战而陷到了烂泥地里,这时晋惠公赶紧向庆郑求救,庆郑说:"你不听我的话,又不让我做车右,本来就是自取灭亡,逃走了又有什么用?"就丢下晋惠公自己走了。秦穆公赶来追击晋惠公,却被晋国赶来的军队包围,就在这紧急时刻,曾经受到秦穆公恩惠的三百壮士及时赶到,杀入包围圈击退了晋军,俘虏了晋惠公。

秦穆公本来要把晋惠公杀掉祭天,可是秦穆公的夫人是晋惠公的姐姐,她哭着劝说秦穆公,于是秦穆公改变了主意,又把他放了回去。晋惠公回国后,杀掉了庆郑,把太子圉(yǔ)送到秦国做了人质,同时又顾虑流亡在外的哥哥重耳,要派刺客去杀掉他,重耳听说了这件事,就从狄人那里跑到了齐国。

晋惠公早年经历坎坷,当上国君后也没有什么成就。他临死前,太子圉从秦国偷跑出来回国即位,秦国人对圉的行为非常不满意;晋国国内的贵族也不支持他,就与秦穆公里应外合杀掉了他。这之后重耳终于在秦国的护送和贵族的支持下回国成为国君,他就是后来成就霸业的晋文公(前697或前671—前628)。

流亡公子重耳

重耳是晋献公的儿子。晋献公年老的时候,宠爱妃子骊姬,想把骊姬生的儿子奚齐立为太子,就逼迫原来的太子申生自杀了。太子一死,献公另外两个儿子重耳和夷吾都感觉到了危险,便逃到别的诸侯国去避难了。

晋献公死后,晋国发生了内乱。夷吾在秦穆公的帮助下回国夺取了君位。他想除掉重耳,重耳不得不到处逃难。重耳在晋国算是一个有声望的公子,因此一批有才能的大臣都愿意跟着他。

重耳从狄国逃出之后,带领随从狐偃、赵衰等投奔齐国。到了齐国,他受到了齐桓公的盛情招待。后来他又到过曹、宋、郑、楚等国,在外整整流亡了十九年,最后在秦穆公的帮助下,他才有机会返回晋国做了国君。

秦穆公原来支持重耳的弟弟夷吾夺取了君位,即晋惠公,晋惠公的同父异母的姐姐是秦穆公的夫人。晋惠公即位后却发兵攻打秦国,失败后割让了五座城池给秦国,并把公子圉送到秦国做人质。秦穆公就把女儿怀嬴嫁给了公子圉。公元前638年,公子圉又偷偷地跑回晋国准备接替君位。第二年,晋惠公一死,公子圉做了国君,就不跟秦国来往了。秦穆公很后悔,决定帮助重耳做晋国国君。他先把重耳从楚国接来,并把女儿怀嬴又重新嫁给了重耳,以示友好。

公元前636年,秦穆公发兵替女婿重耳打进晋国去,他亲自率领百里奚等文臣武将护送公子重耳回晋国。到了黄河边，秦穆公分出一半人马护送重耳过河，自己留下一半人马在黄河西岸作为接应。分手时双方依依不舍，秦穆公还流下了眼泪。

上船时，重耳叫手下人把逃难中用的东西都扔在岸上，有人把脚上的破鞋也扔到黄河里了。狐偃跪在重耳面前说："如今公子过河回到晋国，内有大臣辅佐，外有秦国接应，我挺放心，我想留在这儿！"

重耳一听愣了，说："我全靠你们帮助才有今日。咱们在外吃了十九年的苦，现在能回国了，有福同享啊！"狐偃说："以前公子在患难中，我们跟着您也许还有点用处。现在公子回去做国君，另有新人使唤，我们就好比破鞋，还带回去做什么呢？"

重耳一听脸红了，责怪自己得意忘形，存着享乐的念头。他流着泪向狐偃认了错，吩咐手下人把扔了的破烂东西都弄上了船。狐偃他们这才没了意见。

他们过了黄河，接连打胜仗，公子圉不得已逃走了。晋国的文武大臣便迎回公子重耳，拥戴他为国君，即晋文公。而这一年，他已经61岁了。

城濮之战

楚国自春秋初期就一直在南方称霸，兼并了长江中上游和汉水下游的一些小国，中原靠近南方的诸侯都害怕楚国。齐桓公当年集合诸侯伐楚，也只敢跟楚国在召（shào）陵（在今河南漯河市召陵区）对峙；宋襄公更是被楚国打得一败涂地。然而在城濮（今山东鄄城县西南）之战中，晋文公打败了楚国，暂时保护了中原一带的诸侯，制止了楚国北进的步伐。

公元前632年，晋国为救援宋国，在城濮与楚国交战。提起城濮之战，不得不说晋文公和楚成王的故事。

从前晋文公重耳一行人流亡到了楚国，楚成王对重耳十分看重，盛情接待了他们。在一次宴会上，楚成王半开玩笑地问重耳："我待你不薄，你回国后准备拿什么来报答我呢？"

重耳回答说："楚国物产丰富，金银珠宝和各种名产您都不缺，如果日后晋楚两国开战，我愿意退避三舍（古代一舍为三十里），作为对您的报答。"

楚成王非常满意，可是令尹成得臣非常不满，认为重耳现在就提两国交战的事情是对楚国不恭敬。

如今晋楚两国果真发生了战争。晋文公经过一番考虑，还是决定遵守诺言，让三军后退九十里。

两军对峙，剑拔弩张，晋军将士得到退兵的命令，大吃一惊，一些将领对晋文公说："您是国君，而成得臣只是臣子，国君避让臣下，不是一件非常耻辱的事情吗？"

狐偃在旁边解释说："两军对峙理直才能气壮，理屈就气馁。既然从前有过'退避三舍'的许诺，就应该做到，否则我军理屈，楚军气壮，就很难打胜了。"

晋军一直退了九十里地，这时秦国、齐国和宋国的兵马也先后到达。

一些楚国将领对成得臣说："晋国可不是好惹的，如今他们退兵九十里，给足了我们面子，何况大王一再让您避免跟晋国交战，我们应该见好就收。"成得臣自恃勇武善战，一生几乎没有战败的经历，所以根本听不进去这话，仍然紧紧咬住不放。

晋文公对楚国还是有点害怕的，他晚上觉也睡不着，老是做噩梦。晋文公醒来后对狐偃说："昨晚上我梦见跟楚王摔跤，我摔不过他，仰面倒地，他却趴在我身上，打我的脑袋，这恐怕是不吉之兆。"

狐偃知道晋文公是因为害怕楚国才做这样的噩梦，就对他说："这个梦是吉兆，您仰面朝天象征得到了上天的帮助，楚王面朝地代表向您趴下请罪。请您不要担心，我们能够战胜楚国。"

双方开战，成得臣志在必得，对部下们说："这一战结束之后，晋国就不复存在了。"可是事与愿违，由于晋国知道楚国的弱点在右侧的陈、蔡两国联军，就以迅雷不及掩耳之势打垮了这两支军队。

与此同时，晋国的右军对付楚国的左军，采用诱敌深入的办法，先用战车拖曳树枝，飞扬起地面的尘土假装败退，引诱楚国的左翼军队追击，然后晋国中军趁机大举进攻，很快就消灭了楚国的左军。成得臣的中军并未失败，但是大势已去，不得不撤退。晋文公也没有下令追击，成得臣的中军因此得到保全。

成得臣打了这样的败仗,按楚国的军纪是要自杀的,可是他觉得这只是一时失败,就派儿子成大心去向楚王请罪。

谁知楚成王拒绝原谅他,说:"你要是活着回来,还有什么面目见家乡父老呢?"成得臣被迫自杀。晋国胜利后,晋文公并未沾沾自喜,反而有点忧虑,直到听到成得臣自杀的消息才大喜过望,说:"再也没有谁能威胁我们了!"

晋文公在城濮打败了楚国,得到了中原诸侯的拥护,在晋文公的领导下,各路诸侯在践土会盟,正式推举晋文公为盟主,晋文公实现了称霸中原的梦想。

晋文公称霸

晋文公即位后,对跟随他出逃的贤臣良士大加奖励,有的封给土地,有的赏以官位,有的赐予财物。这些人后来大多身居高位。晋文公即位后不久就发生了一件大事,周襄王的弟弟造反了,周襄王向晋国求救,晋文公急忙发兵平息了动乱,这样一耽搁,就把赏赐群臣的事情给忘了。

有一个跟随晋文公出逃的人叫介子推(一名介之推),他也是有功之人,可是晋文公因为事情多,就把他给忘了。介子推也不去跟晋文公索要封赏,他说:"国君能够归来是他自己有福,我们这些跟随他的人哪里谈得上什么功劳呢?"于是就和母亲一起到深山老林里面隐居了。

有人为介子推的遭遇打抱不平,就在宫门上写了几句话:"龙欲上天,五蛇为辅。龙已升云,四蛇各入其宇,一蛇独怨,终不见处所。"文公出来看到了,忽然就想起了介子推的事,说:"这首诗说的是介子推呀,我这阵子为了周王的事情忙得糊涂了,没有顾上赏赐他。"于是马上派人去找他,结果发现他已经不见了。打听他的去向,听人说他跑到绵上山了,于是派人找他,没有找到。后来文公把绵上山改名为介山,说:"以此来提醒我的过失,并且对善良的行为表示嘉奖。"后来这个故事流传到民间,就成了介子推跑到绵山,晋文公为了逼迫他出来而放火烧山,把他烧死在山里的故事。

有个跟随文公出逃的奴仆叫壶叔，他认为自己也为文公出了很多力，却没有得到封赏，就找文公问道："您回国后论功行赏，受赏赐的人已经有三批之多，可是我却没有得到赏赐，难道说我有什么罪过吗？"

文公回答："我的赏赐可不是随便给的。用仁义引导和规劝我的人受到上等的赏赐，以行为帮助我登基的人受到次等的赏赐，为我战斗、保护我的人受到再次等的赏赐。这三种人都依次封赏完毕，才能轮到你们这些服侍我的人。你回去耐心等待吧，我不会忘记你们的。"

还有一个人叫勃鞮，是个宦官，又名"寺人披"，当初奉了晋献公的命令去杀重耳，砍掉了重耳的一个衣袖。后来晋惠公又派他去暗杀重耳。文公即位后，他听说晋国的贵族吕氏和郤氏要暗杀文公，就去觐见文公，却没有说明觐见的理由。

晋文公听说是他求见，不禁大怒，说："当初你在蒲城追杀我，砍掉了我的衣袖。后来我在狄国，惠公又派你暗杀我，惠公给你三天限期，你半夜就赶到了。直到今天我还保存着被你砍掉的袖子，我不愿意见你，赶紧走吧！"

勃鞮也给文公带了一些话，他说："我以为您回国之后已经懂得了做君主的道理，没想到您还是不明白。我们臣下秉承的道德就是对国君忠贞不贰，我当时能够为献公、惠公尽力谋杀您，如果为您效劳不也一样会尽职尽责地听命于您吗？从前齐桓公让有一箭之仇的管仲辅佐自己，才成就霸业，要是您没有齐桓公的气度，我看也不过如此，难以成就大事。"于是文公接见了他，才得知将要发生的叛乱。晋文公暗地里和秦穆公在秦国的王城会晤商量对策，最后不光逃过一劫，还把发动叛乱的贵族一网打尽了。

公元前 633 年，楚成王集合了曹国和卫国的兵力攻打宋国，宋国派人到晋国求救。文公和大臣们在一起商量，先轸说："当年的宋襄公对我们有恩，我们应该出兵保护宋国。"

狐偃说："曹国、卫国最近归附了楚国，如果我们攻打这两个国家，楚国一定会来救他们，宋国也就解围了。"

文公于是相继派兵攻打卫国和曹国，因为这两个国家在他出逃的时候都对他不敬。晋军扫平了卫国，抓住了曹共公。为了报答曹国大夫僖负羁的知遇之恩，他命令士兵不要进入他家的住宅，也不能冒犯他的家人。

晋文公出兵曹、卫是因为顾念楚成王当年的恩情，避免和楚国直接对抗，可是楚国大将成得臣还是认为晋文公故意跟楚国过不去。他对楚成王说："晋文公忘恩负义,攻打我们的盟友,完全忘记了您的厚恩,我们应该出兵教训他。"楚成王并不支持他的想法,说："晋文公当年在曹、卫遭到了侮辱,现在他举兵攻打他们,也情有可原。"

但成得臣坚持己见,他是楚国的令尹(官务,掌管军政大权),位高权重,掌握着很多兵力,楚成王也不愿意违背他的意见,就同意他讨伐晋国,晋楚两国在城濮发生了一场大战,楚军大败,晋国俘虏了敌军数千人,车马几百乘。楚军失去了几员大将,元帅成得臣好不容易才逃掉。

郑国本来依附于楚国,在楚国战败后赶紧派人到晋国去讲和,晋文公暂时跟郑国订立了同盟之约,但过了不久,晋文公就联合秦穆公攻打郑国,声称要为郑国当年的无理行为复仇。

郑国哪里是秦晋两个大国的对手,连国都都被包围了。郑国有一个老臣叫烛之武,他偷偷从城墙上翻出去见秦穆公,说:"郑国离秦国还很远,你们联手消灭我们只能增加晋国的领土,对你们有什么好处呢?晋国现在向东取得郑国,将来还会向西方扩张,你们秦国怎么办呢?还不如保留郑国,我们交个朋友,将来秦国的人还可以从郑国通行,对你们只有好处,没有坏处。"秦穆公觉得他说得有道理,私下里跟郑国达成了停战协定,并派兵保护郑国。这样一来,晋文公不愿跟秦国作对,也只好撤兵了。

晋国先痛打了曹、卫,又击败了楚国,还差点消灭郑国,在诸侯国中的地位迅速提高,晋文公成了当时诸侯中的真正霸主。

秦晋崤之战

晋文公依靠秦国的支持得以登基,所以晋文公在世的时候,秦晋两国关系很好。尽管如此,秦晋两个大国还是有很多利益冲突,当初晋文公在世的时候晋国就有很多人对秦国表示恐惧和不满。

公元前 628 年，晋文公去世，大臣和贵族们的这种情绪终于爆发了出来。护送灵柩的队伍走出绛城的时候，棺材里发出了牛叫一样的声音。晋国著名的占卜师卜偃让大夫们下跪行礼，说："这是国君的灵魂提醒我们警惕战争啊。不久之后，来自西面的敌人将会进入我们的地盘，如果我军攻击他们，一定能大获全胜。"

西面的敌人指的就是秦国，卜偃可能通过某些渠道事先得知了秦国将会兴兵东进的消息，于是借这个机会告知大家。

其实，这次秦晋之战的导火线是郑国。秦国的大夫杞子住在郑国，他派人对秦穆公说："郑国的国君让我掌管着他们北门的防守，如果大王发兵来，我在这儿做内应，里外一夹攻，一定能把郑国灭了。"

秦穆公于是召集大臣们商议发兵去打郑国的事，大臣蹇叔和百里奚竭力反对。蹇叔说："郑国刚死了国君，我们不去吊祭，反倒趁火打劫去攻打人家，这是不得人心的。再说郑国离咱们这儿有一千多里地，尽管咱们能偷偷地行军，但是日子久了，人家能不知道吗？就算打了胜仗，我们又不能千里迢迢地去占领郑国的土地；要是打了败仗，损失可不小。好处小损失大的事，还是不干为妙。"

秦穆公说："你年纪大了，如果早死，坟头的树木也该合抱（指树木有两臂围拢那么粗）了！"最终也没有听蹇叔的话，他任命孟明视为大将，西乞术、白乙丙为副将，由他们率领三百辆兵车去攻打郑国。

秦国的军队向东进发了。公元前 627 年春天，秦军经过周都城洛邑的北门。孟明视为了向周王室炫耀武力，命令三百辆兵车上左右两边的战士都脱下战盔，跳下战车又一跃而上，以显示他们良好的战斗素质。周王室的贵族王孙满这时还小，看到这种情形，说："秦国的军队轻狂无礼。轻狂，说明他们的行为缺乏谋划；无礼，说明他们没有警惕性。他们一定会失败的。"

这个时候发生了一件巧事，郑国商人弦高将要到周的都城去做买卖，恰好在滑国的地盘上遇到秦军。弦高急中生智，他一面派人去向郑国报信，一面装作郑国来的使者去见秦军的主帅孟明视。

孟明视吓了一跳，以为自己的行动已经被郑国人掌握了，立刻接见了弦高。弦高送上四张牛皮和十二头牛慰劳秦军，并对孟明视说："我们国君听说你们将要行军经过我国，派我来慰劳您的部下。我们郑国并不富裕，但是可以为你们准备粮食；我们的兵力也不强大，但也可以为你们行军提供保护。"

孟明视听出弦高其实话里有话，弦高的真正意思是说郑国已经准备了粮食和兵力，如果秦军敢于进攻，郑国一定血拼到底，于是就放弃了进攻郑国的打算。他送走了弦高，顺手灭掉了弱小的滑国，就想返回国内了。

这时候晋文公的灵柩还没有下葬，刚即位的国君晋襄公听说了这件事，不禁大怒，说："滑国就在我们的边境上，秦国趁着我父亲死去，欺负我经验不足，消灭了我们的邻居，在我们的地盘附近扩张，这还像话吗？"就召集大臣们商量应该怎么办。

大将先轸（又名原轸）说："秦国不为我们的新丧举哀，却讨伐我们的同姓之国，是他们无礼在先。这次轻易放走了敌人，会给后世几代人留下祸患。我们出兵攻打他们，也可说是为了已死的国君吧！"

于是晋襄公发布命令，不仅动员国内力量，还征召少数民族姜戎的部队来助阵。晋襄公当时还穿着孝服，可是穿着丧服打仗不像话，于是就把孝服染成了黑色。

公元前627年的夏天，晋军在崤山（在河南省西部）打败了秦军，俘虏了秦军三帅孟明视、西乞术、白乙丙。晋襄公就穿着染黑的孝服给晋文公送葬，为了纪念这件事，晋国从此形成了穿黑色孝服的习俗。

晋文公的夫人是秦穆公的女儿，她向晋襄公请求把秦国的三个将帅放回去，说："秦穆公并没有得罪晋国的想法，使秦国和晋国结怨的罪魁祸首就是他们三个。秦穆公现在对他们恨之入骨，您不如把他们放回秦国去受刑。"晋襄公答应了。

先轸朝见晋襄公，问起秦国的囚徒哪里去了。襄公说："我母亲为这件事情请求我，我把他们放了。"先轸愤怒地说："战士们花了很大的力气，才把他们从战场上抓回来，您却听从一个女人的话随随便便放人，这不是毁了自己的战果而助长了敌人的气焰吗？您这样胡闹下去，晋国的家产会被您糟蹋光的！"

晋襄公醒悟过来，派将军阳处父去追孟明视等人，追到河边时，这几个人已登舟离岸了。

孟明视等人也吃不准秦穆公会怎样处置他们，以为打了这样惨痛的败仗还做了俘虏，至少会被罢官，被杀头也是有可能的。结果出乎意料，秦穆公穿着丧服在郊外等候，哭着对被释放回来的将士说："我没能听蹇叔的劝告，让你们受了委屈，这是我的罪过，你们是无罪的，我不会因为一次过失而抹杀你们过去的功劳。"

于是秦穆公仍让孟明视等人带兵伐晋,终于在公元前624年取得大胜,攻下了晋国的好几座城池,晋国军队吓得不敢再度出战。这时候秦穆公亲自前往崤山,把当年秦国士兵的尸体掩埋起来,并为他们举办了隆重的丧礼。

秦穆公从此转而向西发展,在西戎地区称霸,秦国从此成了一方强国。

楚庄王一鸣惊人

楚国在楚成王在位时就已处于南方的首领地位。公元前613年,楚成王的孙子做了国君,就是楚庄王(？—前591)。楚庄王白天出去打猎,晚上喝酒、听音乐、看舞蹈,从不把国家大事放在心上。他就这样胡闹了三年,大家把他当作昏君看待,有人来劝谏,他不愿听,后来他干脆下了一道命令说:"谁敢多嘴,谁就有罪!"

有一天,大臣申无畏来见楚庄王,楚庄王问他:"你来干什么？来喝酒还是来听音乐？"

申无畏回答说:"有人叫我猜个谜,我猜不着。大王聪明过人,我来请大王猜猜。"

楚庄王说:"什么？猜谜？怪有意思的,说吧！"

申无畏说:"楚国山上有只大鸟,身披五彩可真荣耀。一停三年不飞不叫,人人不知这是啥鸟。"

楚庄王笑着说:"这可不是普通的鸟：三年不飞,一飞冲天；三年不鸣,一鸣惊人。你不要急！"

申无畏磕了个头,说:"大王英明！"说完,他就出去了。接下来几天又有胆大的大臣劝楚庄王好好管理朝政。大臣们都很发愁,说:"要再这么下去,别说号令诸侯,连南边的属国都管不住了。"

在对楚国的民情政局有了基本了解之后,楚庄王知道是时候了,从此,他一面改革政治,调整人事,使楚国的大权不再全掌握在令尹(楚国的国相)手里；一面招兵买马,训练军队,打算跟晋国争夺霸主地位。就在短短几年时间里,楚庄王征服了南边的许多小部落。公元前606年,他亲自率领大军打败了陆浑(今河南嵩县东北)的戎族。陆浑在周都洛阳的南边,楚庄王顺便在周朝的边界上阅兵示威,吓得周天子赶快派使者前去慰劳他。

楚庄王阅兵回来,到了半路,前面有军队拦住去路,要跟他开战。原来他的令尹斗越椒早就有了造反的心思,自从楚庄王分了他的权力,他更加生气。这回楚庄王率领大军去打陆浑,好比老虎离了山头,斗越椒就发动本族的人马,占领了楚国的都城郢(在今湖北荆州),随后又发兵攻打楚庄王。楚庄王假装退兵,暗地里让大军埋伏好,只派出一队兵马去把斗越椒引过来。斗越椒过了河,接着去追楚庄王。等到斗越椒发觉中了计,赶紧回头,那河上的大桥已被拆去,他反倒丢了阵地。

楚庄王平了令尹斗越椒的叛乱以后,就请本国的一位隐士任令尹。这位隐士名敖,字孙叔,大家都管他叫孙叔敖。孙叔敖从小心眼儿好,母亲也教育得好。这会儿孙叔敖做了令尹,一心想要让楚国强盛。他着手改革制度,整顿军队,开垦荒地,挖掘河道。为了减少水灾旱灾,孙叔敖动员楚人开掘一条楚国最大的河道,他自己亲自到工地上去监督。这一条河道修好了,能灌溉一百多万亩庄稼,每年都多收不少粮食。

没几年工夫,楚国更加富强了,终于可以跟晋国争夺霸主的地位了。公元前597年,楚国跟晋国大战了一场。这时,晋成公和卿大夫赵盾都已去世了,晋景公做了国君。楚军把晋景公的军队打得落花流水,晋军将士拼命逃跑。有人向楚庄王提议追上去,把晋人斩尽杀绝。楚庄王说:"楚国自城濮之战以后,一直抬不起头来。这回打了胜仗,已经把以前的羞耻擦去了。晋、楚是两个大国,晋国灭不了楚国,楚国也灭不了晋国,总得讲和才是道理,何必多杀人呢!"他立刻下令收兵,晋国的人马才逃了回去。

这位一鸣惊人的楚庄王也做了霸主。这样,从齐桓公起,接着宋襄公、晋文公、秦穆公,再到楚庄王,这五个国君先后做了霸主,在中国历史上被称为"春秋五霸"。

唇亡齿寒

百里奚是虞国（在今山西平陆县北）人，他的儿子叫孟明视，是秦国的著名将领。百里奚在三十多岁娶妻生子后，离开虞国到了齐国，因投靠无门，靠要饭过日子。他四十多岁时到了宋国，碰见一个隐士叫蹇叔，两人成了知心朋友。他们都想找一条出路，可是找不到，没办法，百里奚打算回到虞国去。蹇叔说："虞国的大夫宫之奇倒是我的朋友，咱们不妨找找他去。"就这样，百里奚又回到了虞国。

蹇叔带着百里奚去见大夫宫之奇。宫之奇要带他们去见虞君，蹇叔摇了摇头说："虞君爱贪小便宜，不像有作为的人物。"于是，蹇叔就离开了百里奚。临别时他对百里奚说："以后你要见我，就上鸣鹿村好了。"于是，百里奚跟着宫之奇在虞国做了大夫。果然不出蹇叔所料，虞君的确是个爱贪小便宜的人。

后来，晋国派使者到虞国，送给虞君一匹千里马和一对名贵的玉璧，并说："我们打算攻打虢国（又叫北虢，在今河南三门峡、山西平陆县一带），为行军方便，想跟您借道从您的国土上过去。"虞君瞧瞧手里的玉璧，又瞧瞧千里马，连连答应："可以，可以！"

大夫宫之奇拦住他说："不行！虢国跟虞国离得那么近，好像嘴唇跟牙齿一样。俗语说'辅车相依，唇亡齿寒'。我们这两个小国相帮相助，还不至于被人家灭了。万一虢国被晋国灭了，虞国也一定保不住。"

虞君说："人家晋国送来了千里马和无价之宝跟咱们交好，难道咱们连一条道都不准人家走？再说晋国比虢国强十倍，就算失了一个小国，可是我们也交上了一个大国，还不好吗？"

百里奚拉住宫之奇退出来说："跟糊涂人说好话，就好像把珍珠扔在路上。"宫之奇知道虞国一定会灭亡，就带着家人离开了虞国。

不久，晋献公派大将率领大军经过虞国去灭了虢国，回头顺便也灭了虞国，取回了千里马和玉璧。虞君和百里奚都做了俘虏。

晏子使楚

春秋时期,齐国有个大臣叫晏婴(？—前500),人们都称他为"晏子"。晏子才识超人,口若悬河,在各诸侯国中很有名气。因此,当时齐国的外交事务都由他主管。

一次,齐国国王派晏子出使楚国。当时,楚国比较强大,妄想称霸天下,而楚王又是个骄横傲慢的君主,像齐国这一类的弱小国家,他从不放在眼里。楚王听说晏子将要来访,心里并不高兴,连忙召集左右大臣商量对策,他说:"齐王派晏子来访,我们要多加小心,别看那晏子身材矮小,可嘴巴挺厉害。要是他来了,我们先想个主意捉弄他一番,让他瞧瞧咱们楚国的威风。"楚王的话刚说完,不少大臣便出起鬼点子来,楚王连连点头称好。

这天,晏子一行人来到楚国国都郢,马车在城门口停了老半天,也不见有人来开城门。过了一会儿,一个守城的卫士指着城墙上的一处洞口对晏子说:"国王有令,今天不开城门,我看大夫从这个洞进出就可以了。"晏子看了看那洞口,笑着说:"这是狗洞,是狗进出的地方,只有出使狗国才从狗洞进出,而我出使的是楚国,怎能从狗洞进出呢!"卫士连忙将晏子的话报告给楚王,楚王说:"我原想取笑他的,反而被他笑话了。"于是,楚王立即下令大开城门,迎接晏子进城。

晏子大摇大摆地进了城,楚王见晏子是个其貌不扬、五短身材的人,故意装出惊讶的样子来,说:"难道齐国没有人了吗?"晏子一听,知道楚王是在侮辱他,不慌不忙地说:"我们齐国人多得很,大王怎能说齐国没有人了呢?别处不说,就拿临淄(在今山东淄博)这个地方来说,街上的行人多得数都数不清,他们只要手一扬,就能遮住天;一挥汗,就像下了一场大雨;大街上的行人肩擦肩,脚碰脚,怎能说齐国没有人了呢!"楚王笑着问道:"既然齐国人那么多,怎么会派你这么个又矮又小的人来出使本国呢?"晏子毫不示弱,不假思索地说道:"说实话,我们齐国有个规矩:访问上等之国,即派上等之人;访问下等之国,就派下等之人。像我这等人,在齐国来说,是最矮、最小、最没出息的,因此,国王就派我出使楚国。"

到了吃饭的时候,武士们押着一个犯人从堂前经过,楚王故意问道:"这犯人是哪国人?犯了什么罪?"武士回答说:"是齐国人,是个盗贼。"楚王看了看晏子说:"齐国人怎么都善于做盗贼?"一句话引得楚国大臣哈哈大笑。这时,晏子从席上站了起来,严肃地说:"大王,人们常说橘子生于淮南,结的果实又大又甜;如果生于淮北,则果实又酸又小。这是什么原因呢?不过是因为水土不同罢了。同样的道理,齐国人在齐国不做盗贼,到了楚国却偷起东西来了,这大概也是因为贵国的水土与我国的不同吧!"

楚王没料到晏子这么厉害,只得暗暗认输,对晏子说道:"我原想取笑大夫的,没想到反而被大夫取笑了!"

晏子一日三谏君

晏婴是齐国上大夫晏弱之子,以高超的政治远见、外交才能和朴素的作风闻名于诸侯。他头脑灵活,善于辞令,屡谏齐王,下面的故事就体现了晏子的善谏之才。

有一天,齐景公(?—前490)和群臣来到公阜游玩。清晨的大地充满生机,庄稼碧绿,鲜花美丽,小鸟唱,蜂蝶飞,好一派生机勃勃的景象。齐景公不由得感叹道:"如果能长生不老,每天在这山水中游玩,那该多好哇!"

齐景公身边的晏子听到这话,觉得国君如果去追求长生不老之术,必然对治国之道不上心,于是接过景公的话说:"生和死是不能改变的自然规律。再说人人都长生的话,那也未必是好事。"

"这话怎么讲?"景公不解地追问。

"道理很简单,如果齐国的开国君主太公和丁公活到现在,他们一定还是一国之主。那么,桓公、文公、武公等就只能当他们的助手,而您也只能头戴竹笠,手拿锄头,终日在田里劳动,怎么还能率领群臣到处玩乐呢?"

晏子的话扫了景公的兴,景公转过脸去不再理他。

到了中午,远处出现了一辆六匹马拉的大车,威风凛凛地驶来,景公得意地对晏子说:"这是梁丘据接我来了,你看他驾驶的马车跑得多快!朝中文武只有他最了解我的脾气了。"

晏子却不满地说:"梁丘据算不上好的臣子。古人曾说,作为一个忠实的臣子,不应该事事附和国君。国君认为是对的,并不一定都对;国君认为不对的,也不一定都不对。这个梁丘据对国君察言观色,拍马奉承,不论对错,一味迎合,您听了也许心顺气平,可是对国家长远利益,又有什么好处呢?"

景公很不高兴,转身拂袖而去。

夜色降临,星光灿烂。这时一颗流星在天空划过,景公面如土色,以为这是不祥之兆,忙请主管祭祀的官员设香案祷告,保佑齐国君臣平安。

晏子赶去劝阻,对景公说:"流星有什么可怕呢?它只扫除邪恶的事情,国君如果没有做这类事,何必提心吊胆呢?要是做了这类事,让流星扫掉,不是很好吗?"

景公气得脸色铁青,说不出一句话来。

可是晏子还不罢休,批评得越来越重:"现在我担忧的倒不是流星的出现,而是国君贪恋酒色,亲近小人,喜听谗言,疏远贤臣,长期下去,灾难必然降临到我们齐国。国君的这些过失,靠祈祷是没用的。"

齐景公再也没有游览的兴致了,立即下令驾车回宫。这天夜里,齐景公翻来覆去睡不着觉,准备寻找机会整整这位相国。

然而当他细细思考晏子三次批评自己的话时,觉得每句话都有道理,终于钦佩起这位相国来。

晏子去世后,景公在吊唁时痛哭流涕地说:"那天相国在公阜三次给我指出过错,这样忠心耿耿的贤臣我现在到哪里去找哇?"孔丘也曾赞其曰:"救民百姓而不夸,行补三君而不有,晏子果君子也!"

赵氏孤儿

赵氏是晋国影响力很大的贵族,后来建立了"战国七雄"中的赵国。赵氏在晋国的兴起要从晋文公时期讲起。

据说赵家的祖先赵衰曾经占卜,发现他跟随晋献公和其他诸位公子都不吉利,只有跟随重耳是吉利的,所以对重耳忠贞不贰。在重耳逃亡途中,赵衰是他最重要的谋士之一,与重耳的舅父狐偃地位相当。赵衰熟悉礼节和外交,在这些方面给予了重耳很大的帮助。

重耳在狄国的时候,狄人的首领送给他们两个美女,这两个美女一个嫁给了重耳,另一个嫁给了赵衰。后来赵衰就有了儿子赵盾(?—前602)。晋文公死后,儿子襄公即位,由赵衰等老臣辅政。公元前622年,赵衰、先且居、栾枝几乎同时死去,晋襄公只好任用老臣的儿孙们。在这种情况下,狐偃之子贾季和赵衰之子赵盾就成了六卿之中最有地位的人。

很快,晋襄公也死了,他的儿子年纪尚小,围绕继承人的权力斗争持续了很久,最后年幼的晋灵公即位,而狐偃之子贾季在斗争中失败逃亡,赵盾成为晋国独掌实权的大臣。

在赵盾主政的十几年里,晋国打退了向东扩张的秦康公,又击败了北进的楚穆王,继续保持霸主的地位。

可是晋灵公长大以后很不成器,他向国民征收重税,用来粉饰他的宫墙。他还造了一座高台,从高台上拿着弹弓随意向路人射击,以看着中弹者惊慌躲避的样子来取乐,赵盾尽心规劝没有成功。有一次晋灵公要吃熊掌,厨师没有做熟,结果灵公一怒之下杀死了厨师,让人把厨师的尸体丢出去。赵盾正好看到了厨师的尸体,就把灵公训斥了一顿。灵公很讨厌赵盾,派了一个叫鉏麑(chú ní)的刺客去刺杀赵盾。

鉏麑来到赵盾家里,看见赵盾卧室的门敞开着,也没有守卫,又看到赵盾的一举一动都合乎礼节,于是离开了他家,说:"杀忠臣是不对的,违抗国君的命令也是不对的。既然怎么做都不对,那我干脆一死了之吧。"结果这个刺客就一头撞在树上自杀了。

晋灵公一计不成又生一计,他邀请赵盾喝酒,设下埋伏想要杀掉赵盾。赵盾的车右提弥明发现了这个阴谋,快步走上殿堂,说:"臣下陪君王宴饮,酒过三巡还不告退,就不合礼仪了。"于是他扶起赵盾走下了殿堂。晋灵公唤出猛犬来咬赵盾,提弥明徒手上前搏斗,打死了猛犬,赵盾说:"不用人而用狗,虽然凶猛,又有什么用!"他们两人与埋伏的武士边打边退。结果,提弥明为保护赵盾而死。赵盾得以存活。

赵盾的弟弟赵穿听到这个消息后勃然大怒,带兵打进宫去杀掉了灵公,另立晋襄公的弟弟为君,就是晋成公。赵盾这时候还在国境之内,听到消息后又回来继续秉政。

晋国的史官董狐在国史中写上"赵盾弑其君",并公布了出来。赵盾看到后大吃一惊,去找董狐,说:"你写错了。弑君的是赵穿,不是我呀。"

董狐说:"您身居高位,逃亡却不出国境,一直在国内逗留;回来以后又不惩罚弑君的罪人。根据这两点,我认为您就是弑君事件的主谋,嫌疑最大,所以就把您作为弑君者写进国史了。"赵盾听了无话可说,只好由他去了。

赵盾在世的时候曾经占卜过他们家族的命运,占卜的人说:"赵氏将会灭绝,然后再度复兴。"赵盾想不通这是怎么回事,后来赵盾去世,到了他的儿子赵朔这一代,赵氏家族终于大祸临头了。

晋景公三年,当初受到灵公宠爱的大夫屠岸贾(gǔ)如今做了司寇(官名,掌管刑狱、纠察等事),他与景公谋划要杀光赵家的人。屠岸贾对诸将说:"当年赵盾弑君的事情想必大家都还记得,如今赵盾已死,他的子孙尚在,我们要把他们一网打尽,以惩治他们家族当年的罪行。"

这个时候赵朔已经不能总揽政局了,晋景公和屠岸贾的势力很大,诸将都不敢说什么,只有韩厥站出来说:"灵公被杀的时候赵盾已经逃亡,成公都不认为他有罪,现在你们凭什么说他弑君?再说凭什么要把这笔账算到他的儿孙身上?"他于是自称有病闭门不出。屠岸贾发动军队,围攻赵家,把赵盾的后裔全部杀死了。

而当时赵朔的妻子正怀着孕,她跑到娘家躲了起来,生下了一个男孩。屠岸贾听说这件事后,派人去搜查,没有找到。

赵朔生前的朋友程婴和赵朔的门客公孙杵臼商量道:"他们这一次没找到,还会来找第二次,怎么办?"

公孙杵臼说,"我倒有一个主意,不过需要一个人去死,需要另一个人把这个孩子抚养成人。我问你,赴死困难还是抚养这个孩子长大成人困难呢?"

程婴说:"死太容易了,抚养孩子长大成人比较困难。"

公孙杵臼说:"当年赵朔待你很好,我来做容易的事,困难的事情就交给你了。"

于是他们另外找了一个婴儿,由公孙杵臼带着藏在山里,程婴则出面去向众将说:"我实在没有能力保护赵氏孤儿,你们要是能给我一大笔钱,我就把这个孩子的藏身之处告诉你们。"屠岸贾听说之后,给了程婴一大笔钱,程婴带着兵马搜山,抓到了公孙杵臼和这个婴儿。公孙杵臼佯装大骂程婴:"你这个卑鄙小人!赵朔死的时候你就应该一起战死,结果你贪生怕死倒也罢了,如今又为了钱财出卖我们。"又对众将求情道:"赵朔纵然该死,这个孩子有什么罪?你们把我杀了没什么关系,请求你们放这个孩子一条生路。"

众将当然不答应,不光杀了公孙杵臼,连这个孩子也杀了。

程婴把真正的赵氏孤儿抚养长大,取名赵武(约前589—前541)。韩厥知道这件事后,趁晋景公生病占卜的时候告诉他:"您的病是灭绝了功臣的后代造成的。"晋景公听信了他的话,想了想他灭绝的功臣后代就只有赵家了,于是就问韩厥:"赵家还有子孙活着吗?我要弥补当年的过错,给他加官晋爵。"

于是韩厥和程婴把赵武带到景公那里,景公看到这个孩子,觉得他很有出息,就召集将领进攻屠岸贾,灭掉了他的家族为赵武报仇,并把赵朔当年的土地和封邑都给了赵武。

这个时候,程婴对赵武说:"当年我本应该跟你父亲一起战死,但为了保护赵家的后人而一直忍辱偷生直到今天,如今你长大了,也给赵家报了仇,我可以安心地去向地下的赵朔和公孙杵臼报告这件事了。"

赵武哭着劝他不要自尽,程婴说:"如果我不去地下报告赵朔和公孙杵臼,他们还不知道大仇已报,以为我办事不力呢!"于是就自杀了,赵武为他服丧三年,给他建立了祠堂。

此后,赵家再次强大,赵武上升到了正卿的地位,到他孙子赵简子的时候就建立了"战国七雄"中的赵国。

老子其人

老子姓李名耳,字伯阳,春秋时楚国苦县(今河南鹿邑县东)人。

据说,他的母亲感应到天空有一颗大流星到了肚子里,之后就怀孕了,十一个月后生下了老子,母亲却因难产而死。神奇的是,老子是"从母左腋出",生下时上唇有一道淡淡的白胡子,两只耳朵大得出奇,因而取名为李耳。早在老子出生之前,他的父亲就离家出走了,母亲又难产而死,因而老子一直跟着爷爷生活。老子生下来就能开口讲话,又因耳大是富贵之相,于是深得爷爷的喜爱。他从小就勤于思考,每一件事都能给他启示。民间流传有老子童年买牡丹的故事。

一天,老子的家乡来了个卖牡丹的人,这人能说会道,大声吆喝道:"一朵牡丹放红光,光彩照人满院香。"老子买了一棵牡丹根,后来发现是一棵狗尿蒺(jí)子树。第二年春天又来了个卖牡丹根的,但他并没有大声吆喝。老子问他卖的是狗尿蒺子还是牡丹,小贩瓮声瓮气地说:"好坏就这样,随你要不要。"态度十分蛮横,老子将信将疑买下种子种上,后来开出了几朵像碗口那么大的牡丹。由这件事,老子总结出了"信言不美,美言不信。善者不辩,辩者不善"的道理。这个民间传说明显带有附会、穿凿的痕迹,一个小孩儿怎么会有如此出色的抽象思维能力呢?但从这里也可以看出,老子是一个聪慧而有天赋的孩子,正是由于他善于思考,才为后来的立论著述打下了基础。

长大以后的老子开始师从常枞。据记载,常枞是一位精通殷商礼乐的学者,他学识渊博,教诲学生孜孜不倦,教导老子的时候,都要老子自己体悟。他告诉老子,人在经过故乡时要下车,表示不忘故旧根本;在高大的树旁经过要弯腰,以示对长辈的尊敬。

老子很勤奋,再加上常枞的教导,他的思想日益成熟,终于成为一名颇有声望的学者,他的学识在当时无人能及,因而被任命为周朝守藏室的史官,管理朝廷的众多藏书。在这里,老子的思想产生了飞跃性的进步。老子在任史官的过程中研读了《尚书》。《尚书》中载有从尧到周初历朝历代最高统治者的讲话、文诰,渗透着那个时代的精神和许多精深的道理。当时的老子由此声名鹊起,许多学者都慕名前来讨教。据说孔子就曾专程前往洛邑向老子问礼,老子回答道:"一个人等到他的骨头都已腐朽了,他的言论尚存。一个君子,时机成熟的时候可以出而为官,否则就随遇而安。会做生意的商人,常把货物藏得很严密,仿佛一无所有。有道德的君子,看他的容貌,仿佛十分愚钝。去掉你身上的骄气与过多的欲望,去掉你造作的姿态与过多的志向,这些对你有害无益。"孔子回去后,对自己的弟子说:"鸟,我知道它能飞翔;鱼,我知道它能在水中游动;兽,我知道它能奔跑。能奔跑的兽我可以用网去捕捉它,能游的鱼可以用钓绳去钓,能飞的鸟可以用箭去射。至于龙,我就不知道该怎么办了。因为它是能乘着风云飞上天的,老子就是那龙啊!"

本来,老子的思想已开始向隐居修养、追求无名的方向发展,恰逢此时周王室发生内乱,老子受牵连而辞职。他离开周都,准备从此隐居,行至函谷关时,关尹尹喜请求道:"先生要隐居了,请尽力写一部书吧。"于是老子写成了一部书,这就是《老子》。《老子》一书采用韵文体,五千余字,分上下两篇,共八十一章,集中阐释了老子的思想。

孔子的故事

孔子(前551—前479),名丘,是中国古代伟大的思想家、教育家,也是儒家学派的创始人。

公元前551年,孔子出生于鲁国陬(zōu)邑(今山东曲阜东南)一个武官之家。他长得很是怪异:鼻孔朝天,牙齿暴露,头顶凹陷,像一座山丘。孔子的父亲看着孩子的样子,便给他取名为孔丘,字仲尼。

孔子的父亲在他很小时就去世了,他由母亲抚养长大。孔子的母亲颜氏很贤德,经常教他识字、读书。孔子自幼聪明,母亲教他说话、识字,学一两遍他就记住了。

孔子很小的时候就对有关礼仪的知识特别感兴趣,总是问个不休。孔子3岁那年,有一天,狂风大作,雷声阵阵,孔子的母亲颜氏正忙着收衣服,看见孔子一个人拿着俎(zǔ)和豆(俎、豆,都是古代祭祀时盛祭品的器具)走到家门前。过了一会儿,还不见孔子回来,母亲一看,孔子在门口用土堆和草模拟祭祀的仪式,口中还念念有词。她招呼孔子说:"要下雨了,快别玩了,赶紧回家来。"孔子一本正经地回答母亲:"我不是在玩,我是在学习如何祭天。"

孔子的母亲愣住了,她仔细观察孔子,发现他每个动作做得都很认真,觉得他确实不是在玩,于是心里暗暗思量:这孩子的兴趣很好,不如趁机引导他。于是她把孔子送到了他外祖父家里。孔子的外祖父是个很懂礼法的人,在他的教导下,孔子进步很快。

因为家境贫寒,孔子从小就很懂事,知道体贴母亲,他每天都做一些力所能及的活儿来减轻母亲的负担。孔子7岁时就上山去砍柴了,开始时母亲不放心,总是叫哥哥和他一起去,因为哥哥的腿有毛病,孔子就让哥哥在家做活儿,自己一个人去山上砍柴。

有一天,孔子砍好了柴正在休息,忽然被远处传来的美妙琴声给吸引住了。以前,孔子也经常听别人弹琴,比如他的外祖父就会弹琴,但他觉得今天的琴声比自己以前听到的那些琴声更浑厚有力,更动听。那弹琴之人技法高超,琴声犹如天籁。他听着听着就入了迷,不知不觉顺着琴声找了过去。翻山越岭之后,他看到一位穿着古雅的老人正坐在树下弹琴。他怕打搅了人家,就坐在一边静静地听。老人其实已经看到了孔子,但没理他。等孔子从恍若仙境般的感觉中清醒过来的时候,老人已经不见了,孔子觉得刚刚就像做了一个梦。看到天色已晚,他顾不得多想,赶紧回家了。

第二天,他在砍柴的时候又听到了琴声,尽管他告诉自己不要打搅老人,但实在忍不住又找到了那里。像前一天一样,当他睁开眼睛时,弹琴的老人又不见了,孔子心里很惭愧,觉得自己打搅了人家。第三天的时候,孔子没敢出来,悄悄藏在树后屏住呼吸听。老人这次弹琴后没离开,而是把孔子从树后叫了出来。孔子很不安地对老人说:"我每天听您弹琴打搅到您了,但您弹得实在太好了。请您原谅我的莽撞,如果您不希望我出现,我以后就不来了。"老人见孔子很诚实,笑着问他的来历。孔子说:"我姓孔名丘,字仲尼,排行第二,有个哥哥,他的腿有毛病,我们靠砍柴度日。"

老人想考考孔子,就问了孔子史书上的一些事,结果孔子对答如流。老人很满意,就问他:"你很喜欢琴吗?"孔子回答:"母亲对我说,'六艺'是立身的根本,琴为乐,是'六艺'(古代指礼、乐、射、御、书、数等六种科目)之一。"老人又问孔子:"你愿意学琴吗?"聪明的孔子马上拜倒在地,声音洪亮地说:"孔丘愿意拜您为师。"就这样,孔子便开始跟随老人学琴。为了能学好,他刻苦地练习,坚持不懈。因为白天要砍柴,他晚上要练到很晚才能休息。

功夫不负有心人,两年之后,他的琴技有了很大提高。人们形容他的琴声"似行云流水,百鸟齐鸣,风听了不吹,鸟听了不飞,绕梁三日不退"。终于,他成为春秋时期著名的鼓琴大师。

孔子17岁时,他的母亲也离开了人世,孔子不得不学各种手艺来维持生活。贫穷的生活不仅没有让孔子气馁,反而更加坚定了他发愤学习的决心。他孜孜不倦地在求学道路上探索,向名人学习,也向平民百姓学习,他曾说:"三人行,必有我师焉。"据说,孔子同别人一起唱歌,觉得人家唱得好时,一定要请人家再唱一遍,然后自己又和着人家唱。

孔子称自己"三十而立",就是说在30岁时他已经有所成就。他会的东西已经远远超过了古代"六艺"的范畴,他的名声也越来越大。有一次,孔子在曲阜城西进行习射活动,人们听说是孔子在习射,都纷纷赶去观看,围得那里水泄不通。

孔子要向天下传播自己的思想。他办起了私学,招收了很多学生,据说前后大概有3000人。孔子招收学生不分贵贱,他提倡"有教无类",注重"因材施教",对他们循循善诱。在他的学生中,精通"六艺"的得意门生就有72人,这些学生都成了远近闻名的贤德君子。

作为儒家学说的创始人,孔子的学术以礼仪为规范,以仁爱为根本,他想培养出品学兼优的道德君子,主张"学而优则仕",希望国家的政权掌握在高素质的文化人手中。他向平民普及教育,培养出了许多出身低下的人才,被天下人尊为

"圣人"。

孔子曾一度任鲁国大司寇(官名,掌管刑狱、纠察等事),政绩卓著,可惜不久就被免职了。于是孔子带领学生周游列国十三年,历经磨难,仍无结果,只得返回鲁国。这时他已68岁了。

晚年的孔子致力于教育,整理《诗经》《尚书》等古代文献,并把鲁国史官所记《春秋》加以删修。

公元前479年的初春,孔子病逝。孔子的一些弟子为他守丧,在他墓旁建房的有100多人,并各植树一棵,因此后人称这个地方为"孔林"。

他的学生分散到各国游说诸侯,宣扬孔子学说,到了战国时代,孟子将孔学发扬光大,奠定了儒家学说的理论基础,也奠定了中华文化的基础。

孔子与《诗经》

说到中国古代的文学,不得不提起《诗经》。《诗经》堪称古代文学的典范。在有史记载的文学作品中,《诗经》产生的时代最早,并且有着极高的文学价值,《诗经》中的大量创作方法,在后世的中国文学中被广泛运用。

《诗经》,又称《诗》,一共305篇,所以又称"诗三百"。从时代上看,它包括了从公元前11世纪到公元前6世纪大约五百年的作品;从地域上看,主要是黄河流域一带,西起山西和甘肃东部,北到河北西南,东至山东,南及江汉流域。

《诗经》由三部分组成,即《风》《雅》《颂》。《风》主要是地方民歌,一共有十五国风,160篇;这里集中了《诗经》中大多数优秀的篇章。《雅》主要是宫廷歌曲,有《大雅》和《小雅》之分,一共有105篇;《大雅》多为贵族所作,《小雅》为个人抒怀;多半是用于贵族宴享的作品,但《小雅》中也有不少类似风谣(民谣或风俗歌谣)的劳人思辞,如《我行其野》《谷风》《何草不黄》等。《颂》是庙堂祭祀时的歌曲,由《商颂》《鲁颂》和《周颂》三部分组成,主要是一种伴舞的祭歌。

现在的诗歌是不需要配合音乐唱出来的,但在当时,诗、乐、舞这三者是融为一体的,诗歌一般是合乐的歌词。《诗经》都是可以合乐的,可以供人们演唱。

《诗经》的编纂是一件非常不容易的事。古代有重视诗、乐的传统,统治阶级往往通过一些民歌、舞蹈来体察民风。当时有一种官职是专门负责采集诗歌的,有关官员们分布在全国各地,搜集民间诗乐,将其整理出来,最后交给统治者。

当时所采集的诗歌有很多很多,传说这些诗歌流传到孔子所在的时代,孔子亲自整理这些诗歌,他从这些诗歌中选出那些最符合他的道德思想的,编成一本,这就是今天的流传本《诗经》。

孔子选了这些诗后,就让他的学生们认真研习,他说:"不学《诗》,无以言。"他认为学《诗》主要在于有用于世,他说:"学了《诗经》,不能把它贯彻到实践中,就证明没学好;如果派你去做事,你不能运用《诗经》中的知识应对,学了就等于没学。"

《诗经》中有大量的诗歌反映了民间的疾苦,如那首著名的《硕鼠》,诗中写道:"硕鼠硕鼠,无食我黍!三岁贯女,莫我肯顾!"(田鼠哇,田鼠,你不要再吃我的黍!我服侍你三年了,但是你却丝毫不考虑我!)表现了底层人民对统治阶级的愤恨之情。

当时是一个战乱的时代,生灵涂炭,人民受尽了苦难,《诗经》中就有不少描写战争的诗歌,如《采薇》中写道:"昔我往矣,杨柳依依。今我来思,雨雪霏霏。"表现了战争的漫长以及离人对家人的思念。

《诗经》中有不少描写爱情的诗写得非常生动,如《诗经》中那首很出名的《关雎》:"关关雎鸠,在河之洲。窈窕淑女,君子好逑。"

《诗经》中有一类诗表现了妇女的悲惨命运,今天读起来,仍然不能令人平静,如《氓》:诗中通过一个妇女出嫁前后的对比,来表现社会对妇女的摧残。她嫁到夫家之时,是一位青春貌美的女孩,诗中用桑树做比喻:"桑之未落,其叶沃若。"在夫家的三年时间里,她过着非人的生活,不但要承担家中所有的家务,而且还要下地劳动,丈夫没完没了地奴役她,这使她丧失了生活的信心。三年以后,她又来到家乡的那条河前,不禁心潮澎湃,而此时的这位女子已是人不老但面已黄了,诗中写道:"桑之落矣,其黄而陨。"

《诗经》在艺术表现手法上,普遍采用赋、比、兴的方法。所谓赋,也就是直接描写,鲜活生动。所谓比,也就是比喻,《诗经》中大量采用比喻的方法,所以很多诗歌读起来含义深远,回味无穷。所谓兴,也就是起兴,即以其他事物引起作者所要真正歌咏的文辞。

《诗经》中用语非常生动,如描写人睡不着觉用"辗转反侧"来表示;用"涕泗滂沱"来描写人痛哭的样子;用"所谓伊人,在水一方"描写可望而不可即的思念心情。这些《诗经》中描写的事物以及表达出来的情感引起了后代无数人的共鸣,也促进了中国文学的发展。

墨子救宋

公输般(人称鲁班),是春秋时期的建筑工匠。相传他为楚国造了云梯,用它来攻打宋国。墨子(约前468—前376)听说后,就从鲁国出发,走了十天十夜到达楚国国都郢,见到了公输般。公输般说:"先生有什么指教吗?"墨子说:"北方有一个欺侮我的人,我想借助你的力量杀了他。"公输般听了不高兴。墨子说:"我献给你十金作为杀人的报酬。"公输般说:"我崇尚仁义,从不杀人。"

墨子站起来,对公输般行了礼,说:"请允许我向你说一些话。我在北方听说你造云梯,将用它攻打宋国。宋国有什么罪呢?楚国有多余的土地,人口却不足。现在牺牲不足的人口,掠夺有余的土地,这不是聪明的做法。宋国没有罪却攻打它,不能说是仁义之举;知道这些不去争辩,不能称作忠诚;争辩却没有结果,不能算是强大;你崇尚仁义,不去杀那一个人,却去杀害众多的百姓,不可说是明智之辈。"公输般信服了他的话。

墨子又问他:"那么,为什么不取消进攻宋国的计划呢?"公输般说:"不能。我已经对楚王说了其中的利弊。"墨子说:"为什么不向楚王引见我呢?"公输般说:"行。"

墨子见了楚王,说:"现在这里有一个人,舍弃他装饰华美的车子,却打算去偷邻居的一辆破车;舍弃他华丽的丝织品,却打算去偷邻居的一件粗布短衣;舍弃他的美食佳肴,却打算去偷邻居的糟糠,这是怎么样的一个人呢?"楚王回答说:"这人一定患了偷窃病。"

墨子说:"楚国的土地方圆五千里,宋国的土地方圆五百里,这就像彩车与破车。楚国有云梦大泽,犀、兕、麋鹿充满其中,长江、汉水中的鱼、鳖、鼋(yuán)、鼍(tuó)不计其数;宋国却连野鸡、兔子、鲋鱼都没有,这就像美食佳肴与糟糠。楚国有巨松、梓树、楠、樟等名贵树木;宋国连棵大树都没有,这就像华丽的丝织品与粗布短衣。从这三个方面看,我认为楚国进攻宋国,就好比有偷窃病的人行窃。我认为大王您如果这样做,一定会伤害了道义,却不能占据宋国。"楚王说:"虽然你这么说,但公输般已经给我造了云梯,我一定要攻取宋国。"于是他又叫来公输般。

墨子解下腰带,围成一座城的样子,用小木片作为守卫的器械。公输般多次陈设攻城用的机巧多变的器械,墨子多次抵御了他的进攻。公输般攻城用的器械用尽了,墨子的守御战术还有余。公输般受挫了,说:"我知道用什么办法对付你了,但我不说。"墨子说:"我知道你用什么办法对付我,但我也不说。"楚王问原因,墨子回答说:"公输般的意思,不过是杀了我。杀了我,宋国没有人能防守了,楚国就可以进攻了。但是,我的弟子禽滑釐(lí)等三百人,已经手持守御用的器械,在宋国的都城上等待楚国进攻了。即使杀了我,守御的人也是杀不尽的。"楚王说:"好哇!我不攻打宋国了。"

墨子从楚国归来经过宋国,天下着雨,他到闾(里巷)门去避雨,守闾门的人却不接纳他。所以说,运用神机的人,众人不知他的功劳;而于明处争辩不休的人,众人却都知道他。

伍子胥逃亡

楚平王立儿子建为太子,并派伍奢(?—前522)做他的太傅,费无忌做他的少傅。

楚平王派无忌到秦国为太子建娶亲,可是费无忌对太子建不忠心,想通过攀附楚平王来爬到高位。他看到要嫁给太子的女子很漂亮,急忙赶回来报告平王说:

"这是个绝代美女,大王可以自己娶了他,再给太子另外娶个媳妇。"平王就自己娶了秦女,极度地宠爱她,另外给太子建娶了媳妇。

费无忌用秦国美女向楚平王献媚以后,就趁机离开了太子去侍奉平王。可是他又担心有一天平王死了,太子建即位杀了自己,因此开始诋毁太子建,想把他从太子的位置上拉下来。平王经常听到这样的话,就渐渐疏远了太子建,并派他驻守城父(在今安徽亳州),防守边疆。

一次,费无忌又在平王面前说太子建的坏话,他说:"太子因为秦女的原因,不会没有怨恨情绪,希望大王自己稍微防备着点。自从太子驻守城父以后,统率着军队,对外和各诸侯交往,看来他将要进入都城作乱了。"

楚平王就把太子建的太傅伍奢召回来审问。伍奢知道费无忌在平王面前说了太子的坏话,因此说:"大王您怎么能仅仅凭拨弄是非的小人的话,就疏远骨肉至亲呢?"

费无忌说:"大王现在不制止,他们的阴谋就要得逞了,大王将要被捉住了!"于是平王发怒,把伍奢囚禁起来,同时命令司马奋扬把太子建召回来杀掉。司马奋扬派人提前告诉太子:"请您赶快离开,要不然将会被杀死。"太子建得到消息就急忙逃到宋国去了。

太子一逃亡,平王对太子和伍奢要谋反这件事更加深信不疑,费无忌对平王说:"伍奢有两个儿子,都很贤能,不杀掉他们,将会成为楚国的祸害。现在可以用他父亲作人质,把他们召来杀掉,否则,将会留下后患。"

平王就派使臣对伍奢说:"只要把你两个儿子叫来,就能活命,不叫来,就处死你。"伍奢说:"伍尚为人宽厚仁慈,叫他,一定能来;伍子胥为人桀骜不驯,忍辱负重,能成大事,他知道来了就会被擒,必定不来。"

平王不听,派人召伍奢两个儿子,说:"你们如果回来,我让你们的父亲活命;如果不来,现在就杀死伍奢。"

伍尚听到消息就打算前往,伍子胥却说:"楚王召我们兄弟,并不是打算让我们父亲活命,只是担心我们逃跑后留下祸患,所以用父亲做人质,欺骗我们。我们一到,就要和父亲一块被处死。这样有什么好处呢?去了,我们就不能报仇了。不如逃到别的国家去,借助别国的力量洗雪父亲的耻辱,一块去死,没有意义呀。"

伍尚说:"我知道去了最后也不能保全父亲的性命。可是父亲召我们是为了求活命,只要有一线希望就得去;如果不去,父亲性命堪忧,这会被天下人耻笑的,但如果都去了以后就没人报仇了,还是你逃走,我要回去与父亲同死,希望你逃出去为我们报仇。"

伍尚被逮捕后,使臣又要逮捕伍子胥,伍子胥拉满了弓,用箭对准使者,使者不敢上前,伍子胥就趁机逃跑了。他听说太子建在宋国,就前去追随他。伍奢听说儿子逃跑了,说:"他会回来为我们报仇的,楚国将要大乱了。"

后来,楚平王果然把伍尚和伍奢一块杀害了。

此时伍子胥投靠宋国,但宋国发生了内乱,又只好与太子建一起投奔郑国。太子建在郑国参与政变被杀,最后伍子胥只好带着太子建的儿子公子胜一起投奔吴国。途中经过陈国欲出昭关到吴国,昭关守卫正在到处捉拿他们,两人只好徒步逃走。

伍子胥出了昭关,怕有追兵赶来,就着急赶路,但有一条大江拦住了去路。正着急时,江上有个老渔夫划着小船过来,把他们渡了过去。过了大江后,伍子胥感激万分,摘下身上的宝剑,交给老渔夫说:"这把宝剑是楚王赐给我祖父的,值一百两金子,送给你,略微表达我的心意。"老渔夫回答说:"楚王为了追捕你,出了五万石(dàn)的米粮作为赏金,还答应封告发者为大夫。我不贪图赏金、爵位,怎么还会贪图你的宝剑呢?"伍子胥千恩万谢后走了。

伍子胥复仇

伍子胥到了吴国,吴王僚(?—前515)刚刚即位,而公子光任将军。伍子胥通过公子光的关系求见吴王,后来留在了吴国,并一直等待着复仇的机会。

楚国的边城钟离(治今安徽凤阳县)与吴国的边城都养蚕,两个女子为争采桑叶而打架,后来扩大成为两个家族的群架,再发展到后来竟然成了边境冲突,以致两国兴兵交战。吴国派公子光讨伐楚国,公子光攻破楚国的钟离、居巢后凯旋。

伍子胥劝吴王僚继续伐楚,公子光却不乐意,他对吴王说:"伍子胥的父兄被楚王杀害,劝大王讨伐楚国只是为了报私仇罢了。攻打楚国未必能够攻破。"

伍子胥知道公子光有野心,公子光想杀掉吴王而自立为王,但是不能说穿此事,于是伍子胥就将专诸推荐给公子光,自己退出朝廷,与太子建的儿子公子胜躬耕于田野。

公元前516年,楚平王病死。当初,楚平王夺太子建的未婚妻秦女后生了儿子轸,在楚平王死后,轸即位称王,这就是楚昭王。

吴王僚趁楚平王去世,派两位公子率兵袭击楚国。楚国派兵切断吴兵的后路,使吴兵不能返回。吴国国内空虚,公子光就派专诸行刺吴王僚而后自立为王,这就是吴王阖闾(？—前496)。

阖闾即位后,志得意满,就召伍子胥并给他官位,与他共商国是。伍子胥向阖闾推荐了孙武,并制定了"西破强楚,北威齐晋,南服越人"的争霸方略。鉴于楚强吴弱,伍子胥提出了疲敌战术。

先前受吴王僚派遣率兵攻打楚的两位公子,因退路被切断不能返回,后听说阖闾杀了吴王僚自立为王,就率领军队投降了楚国,楚国将舒地(在今安徽省中部偏南地区)封给了他们。阖闾即位三年,就兴兵同伍子胥一同攻打楚国,夺取了舒城,并捉拿了当初投降吴国的二位将军。吴军本想进兵郢都,将军孙武说:"百姓太劳累了,不可进兵,暂且等待时机吧!"这才撤兵回了国。

公元前511年秋,吴国再次攻打楚国,夺取了六(音 lù,在今安徽省六安市)与灊(音 qián,在今安徽省霍山县东北)。公元前509年,楚昭王派公子囊瓦率兵攻打吴国。吴国派伍子胥迎击,伍子胥在豫章大败楚军,夺取了楚国的居巢。

公元前506年,吴王阖闾下定决心要消灭楚国,向伍子胥和孙武问计,二人回答说:"楚国大将囊瓦贪婪,唐国、蔡国都恨他。大王您如果一定要大举伐楚,必须联合唐、蔡二国才能成功。"

阖闾听了,先与唐、蔡两国交好,得到两国的帮助,然后调动全部兵力与唐、蔡两国共同攻打楚国,趁楚国北部边防松懈,远道迂回奇袭,并调动吴军主力进行决战,大败楚军。吴军乘胜追击,与楚军五次交战后,就攻入了楚的都城郢。

楚昭王辗转逃到了郧(在今江苏如皋市)。郧公的弟弟怀说:"平王杀死了我的父亲,我杀死他的儿子,不也可以吗?"郧公担心他的弟弟杀害昭王,就与昭王一起投奔随地(在今湖北随州市)。

当初,伍子胥与申包胥是挚友,伍子胥逃跑时对申包胥说:"我一定要毁灭楚国。"申包胥说:"那么我一定要保存楚国。"吴兵攻进郢都后,伍子胥找不到昭王,就掘开楚平王的坟墓,挖出尸体,抽打了三百鞭才罢休。

申包胥逃到山中,让人对伍子胥说:"您报仇的手段,太过分了吧!我听说'人众者胜天,天定亦能破人'(众人齐心协力就能够战胜天,可是天也能毁灭人)。您曾是平王的臣子,也曾侍奉过他,今天竟侮辱死人,这难道不是违背天理到了极点吗?"

伍子胥对来人说:"吾日莫途远,吾故倒行而逆施之"(我活不了多久了,但报仇的道路还很遥远,我急于报仇,所以要违背礼仪,倒行逆施)。

于是,申包胥逃到秦国告急,向秦国求救。秦国不答应,申包胥站在秦王殿上,昼夜痛哭,七天七夜哀声不绝。秦哀公可怜他,说:"楚王虽残暴,但有这样的臣子,怎能不保存楚国呢?"就派了五百辆兵车帮楚国攻打吴国。不久,在稷地(在今河南桐柏县)打败了吴兵。

这个时候,吴王采用伍子胥、孙武的计策,攻克了西边楚国的疆土,威镇北边的齐国、晋国,收服了南边的越人,终成春秋末期的一个霸主。

鱼肚藏剑夺王位

春秋时候,吴王寿梦(前620—前561)有四个儿子,他们都很有才干,特别是最小的儿子季札,他最是喜欢,便想将来让季札继承王位。可是,兄弟四人和睦团结,季札无论怎样也不肯答应。寿梦只得临死前立下遗嘱,死后王位先传给老大,老大传给老二,老二传给老三,老三传给老四,总之,王位必须先传给兄弟,不可先传给儿子。

寿梦死后,根据他的遗愿,老大继承了王位。老大心想:"我死后王位才能传给老二，我要是活到老才死，那老二他们不也很老了吗？或许到那个时候他们有的已经死了，那他们怎么能当上国王呢？"于是，老大做了几年国王后便亲自带兵攻打楚国，战死在沙场，王位便由老二来继承了。

老二做了国王以后，他的想法也跟老大一样，他也学老大带兵打仗，最后死在了外面，王位只得由老三来继承了。老三当了几年吴王之后也想学老大、老二，将王位让给老四季札。可是季札为人最讲义气，宁死也不让老三这样去做，老三没办法，只得继续做国王。

公元前527年，老三得了重病，临死时要季札继承王位。季札一直没有做国王的念头，于是跑到深山隐居了起来。国不可一日无君，吴人便拥立老三的儿子僚做了国王。

老大的儿子光野心很大，一心想杀堂弟僚以夺取王位，可是找不到下手的机会，便找伍子胥商量，伍子胥就把一位叫专诸的侠客推荐给了他，他们一起商量对策。

吴王僚喜欢吃鱼。一天，光假意对僚说："我请来了一位专烧大鱼的名厨，明天请你一同品尝品尝这厨师烧的鱼，怎样？"僚很高兴地答应了。

第二天，吴王僚带上几十名卫士来到光家里吃饭。他十分谨慎，每上一道菜，先让卫士检查一番，尝一口，然后才让端上来。其实在煮鱼时，侠客专诸早已将一把锋利的匕首藏在鱼肚里。大鱼煮好后，专诸将鱼端了上来，僚闻到那鲜美的鱼味后，早已是垂涎三尺。突然，专诸从鱼肚里将匕首抽了出来，向僚的胸口刺去。僚措手不及，被连捅数刀，死了。

接着，光带上士兵直奔王宫，杀死了僚的一批大臣，占领了王宫。在士兵们的拥护下，光夺取了王位，他就是后来的吴王阖闾。

孙武训美人

孙武本姓田,是齐国贵族,他的祖父田书颇有军事指挥才能,曾获赐一块封邑,并获赐孙姓。父亲孙凭,做过齐国的卿相。后来,孙氏家族因无法忍受齐国内部激烈的权力纷争去了吴国。从青年时代起,孙武就多次参加诸侯间的征战,积累了丰富的战斗经验。在吴国,孙武一边耕田,一边写了《孙子兵法》这部兵书。

当时,吴王阖闾刚夺得王位,一心想扩充军备,建立霸业,急需能统兵征战的大将之才。大臣伍子胥向他推荐了孙武。吴王看完孙武的兵书后,立即召见孙武,见了孙武,吴王故意刁难他说:"我很佩服先生的学问,不知先生能不能训练出一支女兵队伍来?"

"当然能!"孙武自信地回答说。

吴王不信,就从后宫叫来一些美人,要孙武把她们训练成一支能征善战的部队。孙武将美人分成两队,挑选了两名吴王宠姬做队长,接着把操练的内容和方法详细地说了一遍,然后宣布了军队的纪律。最后他问:"你们记住了吗?"

"记住了!"美人们回答说。

于是孙武向她们发出了操练的命令,可美人们听了都一副嘻嘻哈哈的样子,原来她们并没有把孙武的话当回事,一句也没记住。孙武又把刚才的话重复了几遍,然后第二次发号施令。这回美人们又笑了,两个队长更是笑得前仰后合。

孙武不再多说什么,命令下属把两个队长拉下去斩首。吴王大惊,忙派人替两个队长说情,可孙武还是把她们斩了,又另选了两名美人做队长。这样一来,美人们便知道军令是怎么回事了,在接下来的训练中不敢再有丝毫马虎,向左向右,向前向后,跪下站起,都符合要求,队伍整齐得如同直线一般,而且无人敢喧哗。孙武这才派人报告吴王说:"队伍已经训练整齐,大王可以下台到近前观看。您愿意怎么调动就怎么调动,即使让她们赴汤蹈火也可以。"

吴王阖闾正为孙武杀了他的两个宠姬而满肚子不高兴,悻悻地说:"将军让她们回去休息吧,我不想到台下观看。"孙武一针见血地说:"您只不过喜欢空谈兵法,根本不可能真正实行。"

过了两天,吴王的气消了一些,在伍子胥的开导下,他检阅了这支特殊的队伍,这支队伍果真是纪律严明,令行禁止。吴王十分佩服孙武的才干,就请他做了将军,负责练兵准备伐楚。

公元前506年,在柏举之战中,孙武仅以三万兵力就击溃了楚国二十万大军,攻占了楚国的都城。吴王阖闾死后,夫差继位,孙武又辅佐夫差征服越国,使得吴国的国势达到了顶峰。吴王夫差也成为春秋时代的又一个霸主。司马迁曾这样评价孙武:吴国的胜利和孙武是分不开的,正是在孙武的指挥下,吴军才能击败强大的楚国,威震齐晋,名扬诸侯。

卧薪尝胆

卧薪尝胆讲的是春秋末年越王勾践(?—前465)发愤图强、兴越灭吴、报仇雪恨的故事。

吴国和越国是春秋末年在长江下游先后崛起的两个国家。它们就像一个山头上的两只老虎,都想吃掉对方,因而发生了多次战争,双方各有胜负。公元前496年,吴王阖闾亲征越国,被越国打得大败,并且身受重伤。阖闾临死前,嘱咐他的儿子夫差(?—前473)说:"一定要为我报仇。"

两年以后,越王勾践听说吴王夫差日夜操练兵马,要向越国报仇,他便想先发制人,趁吴国发兵之前,先攻打吴国。范蠡(lǐ)谏阻说:"我听说武器是一种凶器,发动战争是违反道义的事。违反道义,喜欢动用武力,在战争中去冒险,是不会得到什么好处的。"

勾践不听劝阻,发兵攻打吴国。吴国用它全部的精锐部队抗击越国的进攻,结果大败越军。勾践和他剩下的五千兵众退守于会稽山(在今浙江绍兴市南),吴军将他们团团包围。越王勾践悔恨交加,对范蠡说道:"我因为不听您的劝阻,落到今天这步田地,不知如何是好。"

范蠡和文种建议越王向吴王夫差求和。越王勾践接受了他们的建议,贿赂了吴国的太宰。吴王在太宰的劝说下,答应讲和撤兵,但越王必须留在吴国。

就这样,勾践同妻子和大臣范蠡都去吴国给夫差做了人质。勾践抵达吴国后,夫差有意羞辱他,要他住在阖闾坟前的一个小石屋里守坟喂马,有时骑马出门还故意要他牵马在国人面前走过。勾践忍辱负重,自称贱臣,对吴王十分恭敬,吃粗粮,睡马房,服苦役,除粪,洒扫。勾践在吴国屈辱地度过了三年,在这三年的时间里勾践没有表现出一点怨恨的样子,他的表现大大胜过了夫差手下的仆役。夫差生病,勾践前去问候,亲口尝夫差刚拉的大便,诊断夫差的病情。

勾践所做的这一切终于博得了吴王夫差的欢心。由于勾践尽心服侍,再加上吴国太宰接受文种不时派人送来的重礼而经常在夫差面前为勾践说好话,夫差认为勾践已真心臣服,就决定放他们回国。

勾践在吴国待了三年后归国。为了激励自己不忘报仇雪耻,他睡觉时不铺褥子而铺柴草,还在房间里挂了一个苦胆,每顿饭前都要尝尝。

越国遭受战争创伤,田地荒芜,人口减少,生产力受到很大破坏。为使国家富强,勾践采纳了范蠡、文种提出的"十年生聚,十年教训"的休养生息之策,让范蠡负责练兵,文种管理国家政事。国家奖励耕种、养蚕、织布,尤其鼓励生育,增加人丁。规定男二十岁、女十七岁必须结婚,否则父母受罚;上了年纪的人不准娶年轻姑娘为妻;妇女临产前要报官,由国家派医官检查照顾;生男奖励酒一壶、狗一条,生女奖励酒两壶、猪一头;生双胞胎的,国家发给粮食;生三胞胎的,国家给配备一名乳母。

勾践在范蠡、文种的辅佐下,励精图治、发愤图强、富民兴国。他亲自耕作,与百姓一同劳动;提倡节俭,从不奢侈浪费;开垦荒田、训练士兵。经过一段时间的休养生息,越国人民殷富,社会安定,士民都想要报仇雪耻。

在国家迅速恢复生机的同时,勾践又采取许多办法麻痹吴国。他恭谨事吴,贡献美女、玩物、巧匠,让夫差贪图享受,消除其对越的戒备;迎合夫差急于争霸之心,诱导吴王率精兵北进中原,耗损其国力、军力;按时给吴国纳贡,使夫差始终相信他是真心臣服。同时,勾践继续贿赂吴国的太宰,他还派出奸细刺探吴国的消息,散布谣言离间吴国的君臣关系,使夫差杀害忠良。勾践又以越国遇到灾害为由,向夫差借粮,使吴国粮食储量减少,而越国则储备充足。探知到夫差要建造姑苏台,勾践派人运去特大木料,说是"神木",夫差非常高兴,扩大了姑苏台的规模,使这项工程更加劳民伤财。勾践又施美人计,为夫差的姑苏台选送美女,其中有一个名叫西施的美女,由范蠡在苎萝(在今浙江诸暨市)寻得的,她不仅美貌无比,且有才识。夫差得到西施,对她极其宠爱,甚至言听计从。

吴臣伍子胥早已察觉到勾践的所作所为意在复仇,多次劝谏,不仅未被夫差接受,反而引起夫差的反感和怀疑。夫差为争霸而北上伐齐,伍子胥不赞成,指出越国才是心腹大患。夫差不听,继续伐齐,在艾陵之战中大败齐军,获胜而归,夫差十分得意,不久又听信了太宰的谗言,赐剑令伍子胥自尽,伍子胥死前说:"一定要把我的眼睛放在吴国东门,我要看着越国的军队进入吴国!"伍子胥死后,吴王将政事交给太宰管理。勾践得知伍子胥已死,准备起兵伐吴,范蠡认为时机未到,还需等待。

公元前482年春,吴王夫差率全国精锐部队北上黄池(在今河南封丘县西南)会盟诸侯,国内只留下太子友和老弱兵卒守卫。越王勾践想乘此时出兵攻吴。范蠡认为时机未到,劝勾践暂缓出兵。数月之后,范蠡估计吴军主力已到黄池,遂催促勾践出兵袭吴。勾践于是率五万大军攻打吴国,命范蠡率军沿海溯淮断夫差归路,他自率主力由陆路北上,歼灭了吴国的守军,攻破了吴的都城。吴军大败,太子友被烧死在姑苏台。这时,夫差接到消息,十分懊丧,只好派太宰向越求和。勾践和范蠡认为吴国还有实力,一时消灭不了,就答应讲和,退兵回国。

公元前478年,范蠡、文种趁吴国多年灾荒又遇大旱、百姓饥饿的时候,再次建议勾践乘隙攻吴。越军在笠泽(在今江苏吴江境内)大败吴军,从根本上改变了吴、越的力量对比。

后来勾践对吴国实施了长达三年的围困,并再次征伐,围困吴国,吴王夫差被越军长期围困,力不能支,于是派王孙雒袒衣膝行向勾践求和。勾践于心不忍,正要应允,范蠡上前说:"大王您忍辱受苦近二十年,为了什么?现在能抛弃前功吗?"他又转头回绝王孙雒说:"过去是上天把越赐予吴国,你们不受;今天是上天把吴赐予越,我们不敢违背天命,所以不答应你们的请求。"王孙雒还要哀求,范蠡毅然鸣鼓进兵。吴王夫差求和不成,见大势已去,只好自杀,临死时他说:"我没有脸去见伍子胥!"就这样勾践终于灭了吴国,一雪耻辱。

随后勾践又乘胜率兵北渡淮水,在徐州(今山东滕州市南)会盟齐、晋等国诸侯,诸侯尽来朝贺。勾践完成了霸业,成为春秋时期的最后一位霸主。

陶朱公

越王勾践卧薪尝胆,立志雪耻。公元前482年,他趁着吴王夫差出兵北上公盟齐、晋的机会偷袭吴国本土。越国的老百姓很支持越王,他们互相鼓励,父亲劝勉儿子,兄长勉励弟弟,妇女鼓励丈夫,说:"这样慈爱的君王,为他战死也是应该的。"因此越王勾践在笠泽打败了吴国,又在吴国郊外再次打败吴国,把夫差逼到了绝境。夫差被迫向勾践请求投降,遭到拒绝后自杀。这样,勾践就灭掉了吴国。他带兵北渡淮河,与齐国和晋国在徐州会盟,周天子也派使臣送祭肉给勾践,越军在江淮一带无人能敌,越王勾践成了春秋时代最后一个霸主。

越王勾践灭了吴国,坐在夫差原来坐的朝堂里,范蠡、文种和其他官员都来朝见。吴国的太宰伯嚭(pǐ)也站在那里等着受封,他认为自己帮了勾践不少忙。勾践对他说:"你是吴国的大臣,我不敢收你做臣子,你还是去陪伴你的国君吧。"伯嚭垂头丧气地退了出去,勾践派人追出去把他杀了。

勾践得胜回国,开了个庆功大会大赏功臣,可就少了个范蠡。原来他带着西施,隐姓埋名,泛舟太湖,过逍遥的生活去了。

范蠡走前留给文种一封信,说:"飞鸟打光了,好的弓箭就该收藏起来了;兔子打完了,就该轮到把猎狗煮来吃了。越王这个人,可以跟他共患难,不可以和他同安乐,您还是赶快走吧!"文种不信,继续留在了勾践的身边。

有一天,勾践派人给他送来一把剑,文种一看,正是当年夫差叫伍子胥自杀的那把宝剑。文种后悔没听范蠡的话,只好自杀了。

范蠡善于经营,他当年为越王勾践规划财政和贸易,勾践才能有多余的财物赏赐士兵。如今他跑到齐国,改名换姓,自称"鸱(chī)夷子皮",在齐国积累了很多财产,又来到陶地(在今山东菏泽市定陶区西北)定居下来,称"陶朱公"。他认为陶地是天下的中心,与好几个诸侯国接壤并保持良好的关系,贸易十分发达。他在那里经营商业,根据时节、气候、民情、风俗等采办货物,按照人弃我取、人取我予、顺其自然、待机而动等原则经商,没出几年就成了富翁,在十九年的时间里曾经三次积累千金,又三次散尽家财。

后来他年纪大了,把家产交给子孙经营,子孙积累起了数万黄金的家当,后来人们就把大富翁都叫作"陶朱公"。

子贡的妙计

公元前494年,夫差(?—前473)打败越国后,满怀壮志,想要称霸天下。这时候正好发生了一件大事,他以为称霸天下的机会来了。

原来当时齐国的田氏掌握大权,准备攻打鲁国。孔子是鲁国人,他在外地听说这件事,对门下弟子说:"鲁国是我们祖宗宗庙所在的地方,是我们出生的地方,我们的国家危险到这种地步,诸位为什么不挺身而出呢?"子路请求前去,孔子制止了他。子张、子石请求前去救鲁,孔子也不让他们去。足智多谋、善于交际的子贡(前520—?)请求前去救鲁,孔子这才答应了。

子贡先来到齐国,游说大臣田常说:"您攻打鲁国是错误的。鲁国是很难攻打的国家,它的城墙单薄而矮小,它的护城河狭窄而水浅,它的国君愚昧而不仁慈,大臣们虚伪而不中用,它的士兵百姓又厌恶打仗之事,这样的国家不可以和它交战。您不如去攻打吴国。吴国,它的城墙高大而厚实,护城河宽阔而水深,铠甲坚固而崭新,士卒经过挑选而精神饱满,可贵的人才、精锐的部队都在那里,又派英明的大臣守卫着它,这样的国家是容易攻打的。"

田常听了大怒:"你说的话是什么意思?你认为难,人家认为容易;你认为容易的,人家认为是难的。用这些话来刺激我,是什么用心?"

子贡说:"我听说,忧患在国内的,要去攻打强大的国家;忧患在国外的,要去攻打弱小的国家。如今贵国的忧患是在国内还是在国外呢?"

田常听了觉得确实有道理,因为他一直想要篡夺国君的位置,却担心大臣反对,所以暂时没有行动。

子贡接着说:"我听说您多次被授予封号而多次未能封成,是因为朝中大臣反对你。现在,你要攻占鲁国来扩充齐国的疆域,若是打胜了,你的国君就更骄纵,占领了鲁国土地,贵国的大臣就会更尊贵,而您的功劳都不在其中,这样,您想要因此成就大业就困难了,您在齐国的处境就危险了。所以说不如攻打吴国。假如攻打吴国不能取得胜利,百姓死在国外,大将率兵作战,朝廷实力空虚,这样,在上没有强臣对抗,在下没有百姓非难,孤立国君专制齐国的只有你了。"

田常觉得很有道理,说:"话虽如此,可是我的军队已经开赴鲁国了,现在从鲁国撤军转而进兵吴国,大臣们怀疑我,怎么办?"

子贡说:"您按兵不动,不要进攻,请让我先去拜见吴王,让他出兵援助鲁国而攻打齐国,您就有机会出兵迎击它。"

田常采纳了子贡的意见,就派他南下去见吴王夫差。

子贡游说夫差说:"我听说,施行王道的君王不会让诸侯属国灭绝,施行霸道的君王不能让另外的强敌出现。如今拥有万辆战车的齐国再独自占有千辆战车的鲁国,和吴国来争高低,我替大王感到危险。况且去援救鲁国,是显扬名声的事情;攻打齐国,是能获大利的事情。安抚泗水以北的各国诸侯,讨伐强暴的齐国,用来镇服强大的晋国,没有比这样做获利更大的了。名义上是保存危亡的鲁国,实际上阻扼了强齐的扩张,您这么聪明,一定会这么做吧!"

夫差说:"好。虽然如此,可是我曾经和越国作战,越王退守在会稽山上栖身,越王自我刻苦,优待士兵,有报复我的决心。您等我攻打越国后再按您的话做吧。"

子贡说:"越国的力量超不过鲁国,吴国的强大超不过齐国,大王把齐国搁置在一边,去攻打越国,到那时,齐国早已占领鲁国了,况且您攻打弱小的越国而害怕强大的齐国,这不是勇敢的表现。勇敢的人不回避艰难,仁慈的人不让别人陷入困境。现在保存越国向各国诸侯显示您的仁德,援助鲁国攻打齐国,向晋国施加威力,各国诸侯一定会争着来吴国朝见,称霸天下的大业就成了。大王果真畏忌越国,我请求东去会见越王,让他派出军队追随您。"

吴王特别高兴,于是派子贡到越国去。

越王勾践听说子贡要来越国,就下令清扫道路,到郊外亲自迎接子贡,并且驾着车子到子贡下榻的馆舍问:"这是个偏远落后的国家,大夫怎么屈尊光临这里来了?"

子贡回答说:"现在我已劝说吴王援救鲁国攻打齐国,他心里想要这么做却害怕越国,说:'等我攻下越国才可以。'如果这样,攻打越国是必然的了。况且要没有报复人的想法而受到别人怀疑,太拙劣了;要有报复人的想法又让人知道,就不安全了;事情还没有发动却先叫人知道,就太危险了。这三种情况是办事的最大祸患。"

勾践听罢向他叩头说:"我曾不自量力,才和吴国交战,被围困在会稽,我对他恨入骨髓,只打算和吴王一块拼死,这就是我的愿望。"于是问子贡怎么办。

子贡说:"吴王为人凶猛残暴,大臣们难以忍受;国家多次出兵打仗,士卒疲惫劳累,不能忍耐;百姓怨恨国君,大臣内部发生变乱;伍子胥因谏诤被杀死,太宰嚭执政当权,为了自己的利益,不尽心劝谏国君,这是使国家受损的表现哪。现在大王果真能出兵辅佐吴王,以投合他的心意,用重金宝物来获取他的欢心,用谦卑的言辞礼敬他,他一定会攻打齐国。如果那场战争不能取胜,就是大王您的福气了。如果打胜了,他一定会带兵逼近晋国,请让我北上会见晋国国君,让他共同攻打吴国,这样一定能削弱吴国的力量。等他们的精锐部队全部消耗在齐国,重兵又被晋国牵制住,这时大王再趁它疲惫不堪的时候攻打它,一定能灭掉吴国。"

勾践非常高兴,答应依计行动。越王送给子贡黄金百镒,宝剑一把,良矛二支。子贡没有接受,就离开了。

子贡回去报告吴王说:"我郑重地把大王的话告诉了越王,越王非常惶恐,说:'我很不走运,从小就失去了父亲,又不自量力,触犯吴国而获罪,军队被打败,自身受屈辱,栖居在会稽山上,国家成了荒凉的废墟,仰赖大王的恩赐,我才能够捧着祭品而祭祀祖宗,我至死也不敢忘怀,怎么敢有其他的打算!'"

过了五天,越国派大夫文种以头叩地对吴王说:"东海役使之臣勾践谨派使者文种,来与您的属下近臣修好,托他们向大王问候。如今我私下听说大王将要发动正义之师,讨伐强暴,扶持弱小,控制残暴的齐国而安抚周朝王室,所以请求出动越国境内全部士兵三千人,勾践请求亲自披挂铠甲,拿着锐利的武器,甘愿在前面去冒箭石的危险,因此派越国卑贱的臣子文种进献祖先珍藏的宝器,铠甲十二件、斧头、屈卢矛、步光剑,用来做贵军吏的贺礼。"

于是吴王就调动了九个郡的兵力去攻打齐国。

子贡离开吴国前往晋国,对晋国国君说:"我听说,不事先谋划好计策,就不能应付突然而来的变化;不事先治理好军队,就不能战胜敌人。现在齐国和吴国即将开战,如果那场战争吴国不能取得胜利,越国必定会趁机扰乱它;如果与齐国一战取得了胜利,吴王一定会带他的军队逼近晋国。"晋君非常恐慌,说:"那该怎么办呢?"子贡说:"整治好武器,休养士卒,等着吴军的到来。"晋君依照他的话做了。

子贡离开晋国前往鲁国。吴王果然和齐国人在艾陵打了一仗,把齐军打得大败,又带兵逼近晋国,和晋国人在黄池相遇。晋国人攻击吴国,大败吴军。越王听到吴军惨败的消息,就渡过江去袭击吴国,直打到离吴国都城七里的地方才安营扎寨。吴王听到这个消息,离开晋国返回吴国,和越国军队在五湖一带作战。经过多次战斗,吴国惨败,连城门都守不住了,于是越军包围了王宫,吴王夫差自杀身亡。

子贡这一出行,保全了鲁国,扰乱了齐国,灭掉了吴国,使晋国强大,使越国称霸。子贡一次出使,使各国形势发生了很大的变化。

知音的由来

俞伯牙是春秋时期的楚国人,他虽为楚人,却任职晋国上大夫,且精通琴艺。他的老师成连曾带着他到东海的蓬莱山,领略大自然的壮美神奇,使他从中悟出了音乐的真谛。他弹起琴来,琴声优美动听,犹如高山流水一般。虽然有许多人赞美他的琴艺,但他却认为一直没有遇到真正能听懂他琴声的人。他一直在寻觅自己的知音。

有一年,伯牙奉晋王之命出使楚国。八月十五那天,他乘船来到了汉阳江(长江的别称)口,因遇风浪而停泊在一座小山下。晚上,风浪渐渐平息了下来,云开月出,景色十分迷人。望着空中的一轮明月,伯牙琴兴大发,拿出随身携带的琴,专心致志地弹了起来。他弹了一曲又一曲,正当他完全沉醉在优美的琴声之中的时候,忽然看到一个人在岸边一动不动地站着。伯牙吃了一惊,手下一用力,"啪"的一声,琴弦被拨断了一根。伯牙正在猜测岸边的人为何而来,就听到那个人大声地对他说:"先生,您不要疑心,我是个打柴的,回家晚了,走到这里听到您在弹琴,觉得实在绝妙,不由得站在这里听了起来。"

伯牙借着月光仔细一看,那个人身旁放着一担干柴,果然是个打柴的人。伯牙心想:一个打柴的樵夫,怎么会听懂我的琴呢?于是他问:"你既然懂得琴声,那就请你说说看,我弹的是一首什么曲子?"

听了伯牙的话,那打柴的人笑着回答:"先生,您刚才弹的是孔子赞叹弟子颜回的曲谱,只可惜,您弹到第四句的时候,琴弦断了。"

打柴人的回答一点儿都不错,伯牙不禁大喜,忙邀请他上船细谈。那打柴人看到伯牙弹的琴,便说:"这是瑶琴!相传是伏羲造的。"接着他又把这瑶琴的来历说了出来。听了打柴人的这番讲述,伯牙心中不由得暗暗佩服。接着伯牙又为打柴人弹了几曲,请他辨识其中之意。当他弹奏的琴声雄壮高亢的时候,打柴人说:"这琴声,表达了高山的雄伟气势。"当琴声变得清新流畅的时候,打柴人说:"这琴声,表达的是无尽的流水。"

伯牙听了不禁惊喜万分,自己用琴声表达的心意,过去没人能听得懂,而眼前的这个樵夫竟然听得明明白白,没想到在这野岭之下,竟遇到了自己久久寻觅不到的知音。他问明打柴人名叫钟子期后,就邀请他喝酒。俩人越谈越投机,感叹相见恨晚,于是结拜为兄弟,约定来年的中秋再到这里相会。

第二年中秋,伯牙如约来到了汉阳江口,可是他等啊等啊,怎么也不见钟子期来赴约,于是他便弹起琴来召唤这位知音,过了好久,还是不见人来。第二天,伯牙向一位老人打听钟子期的下落,老人告诉他,钟子期已不幸染病去世了。临终前,他留下遗言,要把坟墓修在江边,到八月十五时,好听伯牙的琴声。

听了老人的话,伯牙悲痛万分,他来到钟子期的坟前,凄楚地弹起了琴。弹罢,他挑断了琴弦,长叹了一声,把心爱的瑶琴在青石上摔了个粉碎,他悲伤地说:"我唯一的知音已不在人世了,这琴还弹给谁听呢?"

这两位知音的友谊感动了后人,人们就在他们相遇的地方,筑起了一座古琴台。直至今天,人们还常用"知音"来比喻真正了解自己的朋友。

伯乐相马

伯乐本名孙阳,他是春秋时代的人。由于他对马非常有研究,人们便忘记了他本来的名字,干脆称他为伯乐。

一次,伯乐受楚王的委托,去购买能日行千里的骏马。伯乐向楚王说明,千里马少有,找起来不容易,需要到各地巡访,请楚王不必着急,他会尽力将事情办好。

伯乐跑了好几个国家,包括素来盛产名马的燕赵一带,他都仔细寻访,还是没发现中意的良马。一天,伯乐从齐国返回,在路上,他看到一匹千里马拉着沉重的盐车翻越太行山。在羊肠小道上,马用力挣扎,膝盖跪屈,尾巴下垂着,身上也受了伤,浑身冒汗,在山坡上艰难吃力地爬行。伯乐看见了,就下了车,挽住千里马而对它淌眼泪,并脱下自己的麻布衣服盖在千里马身上。这匹千里马于是低下头吐气,抬起头来长鸣,嘶叫声直达云霄。伯乐对驾车的人说:"这匹马在疆场上驰骋,任何马都比不过它,但用来拉车,它却不如普通的马,你还是把它卖给我吧!"

驾车人认为伯乐是个大傻瓜,他觉得这匹马太普通了,拉车没气力,吃得太多,骨瘦如柴,就毫不犹豫地同意了。伯乐牵着千里马,直奔楚国。伯乐牵马来到楚王宫,拍拍马的脖颈说:"我给你找到了好主人。"千里马像是明白伯乐的意思,抬起前蹄把地面震得咯咯作响,引颈长鸣,声音洪亮,直上云霄。楚王听到马叫声,走出宫外。伯乐指着马说:"大王,我把千里马给您带来了,请仔细观看。"楚王一见伯乐牵的马瘦得不成样子,认为伯乐在愚弄他,就有点儿不高兴,说:"我相信你会看马才让你买马,可你买的是什么马呀!这匹马这么瘦,连走路都很困难,怎么能上战场呢?"

伯乐说:"这确实是匹千里马,不过拉了一段车,又没有被精心喂养,所以看起来很瘦。只要精心喂养,不出半个月,一定会恢复体力。"

楚王一听,将信将疑,便命马夫尽心尽力把马喂好,果然,马很快变得精壮神骏。楚王策马扬鞭,只觉两耳生风,瞬息的工夫,已跑到百里之外。后来这匹千里马为楚王驰骋沙场,立下了不少功劳。楚王对伯乐更加敬重了。

伯乐年老了,他的儿子很想将这项技能继承下来,以免失传。于是他把伯乐写的《相马经》读得烂熟。《相马经》上描写千里马的外形是"额头隆起,双眼突出,蹄子好像垒起的酒药饼"。他就依照这一条,拿着经文出去"相马"了。

伯乐的儿子把所见到事物的外形和《相马经》上描绘的图形一一对照,结果找到了一只很大的蛤蟆。他兴冲冲地跑回家报告父亲,说:"总算找到好马了,额头和双眼同书上说的差不多,就是蹄子的形状和书上写的有区别。"

伯乐听了,哭笑不得,对这个好心而不聪明的儿子说:"你倒是找到了一匹好马,只是它太喜欢跳,你可驾驭不了啊!"

神医扁鹊

我国的医学源远流长,在春秋战国时期已经有很高的医治水平了。被称为中医学"开山祖师"的扁鹊(生卒年不详),就是春秋末期至战国初期最有名的医生。

扁鹊本来是传说中黄帝时代的名医。到春秋后期,有个叫秦越人的医生,因为医术高明,医德高尚,就被人们以"扁鹊"相称,他的真名却被一般人忘记了。

扁鹊是渤海郡郑(治今河北任丘市北)人,年轻的时候当过客店掌柜,后来得到老名医长桑君的指点,学会了看病治病,就开始行医了。扁鹊在北方各地游走,到了一个地方就给当地人看病,尤其对于普通百姓,更是关心照顾。老人、妇女、儿童的病,他都治得好。扁鹊行医,不但会用药物、针灸,还特别重视病人的心理状态,他认为有些病主要不是肌体的毛病,而是人的心理和生活失调。像为人骄傲任性、拼命追求财富、不锻炼身体等都对人体有害,遇到这样的病人,他是不给治的。特别是那些相信迷信、巫术的人,他坚决不治。就这样,他的名声渐渐传开了,人们都很尊敬他。

扁鹊晚年,曾到秦国行医。秦武王想请扁鹊看病,可秦国医官李醯(xī)非常忌妒他,怕他给国君治好了病,影响自己的声誉和地位,竟派人把一代名医扁鹊杀害了。

扁鹊的医术代表了春秋战国时期的医疗水平,也奠定了我国传统医学的基础。直至今天,"望、闻、问、切",针灸,汤药,仍然是中医诊断和治疗的基本手段。传说他的著作有《扁鹊内经》等书,可惜现在已经失传了。